学ぶ人は、変えてゆく人だ。

目の前にある問題はもちろん、

人生の問いや、社会の課題を自ら見つけ、

挑み続けるために、人は学ぶ。

「学び」で、少しずつ世界は変えてゆける。

いつまでも、どこまでも、

学ぶことができる世の中へ。

JN051848

旺文社

中学生のための

文部科学省後援

英検®5級

合格レッスン

[改訂版]

※本書の内容は、2024年3月時点の情報に基づいています。実際の試験とは異なる場合があります。受験の際は、英検ウェブサイト等で最新情報をご確認ください。
※本書は2020年8月発行の初版の音声提供方法を変更したもので、内容は同じです。

旺文社

もくじ

レッスン執筆・監修：本多美佐保
編集協力：日本アイアール株式会社，株式会社交学社
装丁デザイン：林 慎一郎（及川真咲デザイン事務所）
組版：幸和印刷株式会社　　録音：ユニバ合同会社

問題作成：日本アイアール株式会社，染谷有美
イラスト：大野文彰，佐藤修一，瀬々倉匠美子
本文デザイン：伊藤幸恵
ナレーション：大武芙由美，Julia Yermakov，Jack Merluzzi

本書の使い方

本書は以下のような構成になっています。

合格レッスン

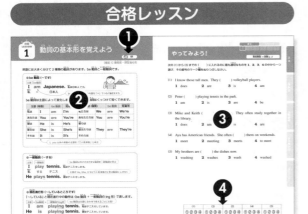

「合格レッスン」は，解説と確認問題「やってみよう！」のセットになっています。まずは5級の重要ポイントを確認してから確認問題で，学んだことをしっかり定着させましょう。

❶ 音声マーク

❷ 重要ポイント

この青い囲み内にまとめてある例文や語句は音声にも収録されています。

❸ やってみよう！

直前のレッスンで学んだことの理解確認ができる練習問題です。

❹ マーク欄

「やってみよう！」はマーク欄を使って解答しましょう。

チェックテスト

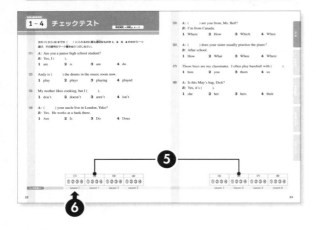

「チェックテスト」では，ここまでのレッスンで学習した内容の理解度が確認できます。各問題に「見直しレッスン」を記載しているので，できなかった問題は戻って復習しましょう。

❺ マーク欄

「チェックテスト」はマーク欄を使って解答しましょう。

❻ 見直しレッスン

間違えた問題は，こちらにあるレッスンに戻って確認をしましょう。

そっくり模試

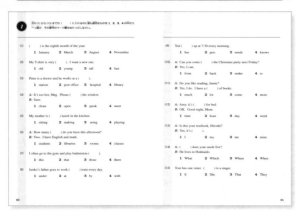

巻末には，模試が1回分収録されています。問題形式や問題数を実際の英検に似せているので，時間を計ってチャレンジしてみましょう。巻末の解答用紙やWeb上で自動採点できる採点・見直しアプリ「学びの友」を使って解答できます。

その他

Ⓐ 解答解説

各レッスンの「やってみよう！」や「チェックテスト」，「そっくり模試」の解答解説は別冊にまとめてあります。

Ⓑ 解答用紙

「そっくり模試」用としてお使いください。

Ⓒ 弱点が見える！ 自己診断チャート

「そっくり模試」の自己採点が終わったら，弱点を把握するために活用しましょう。

Ⓓ 直前対策 BOOK

直前に確認したい単語をまとめてあります。切り離して試験会場に携帯しましょう。

音声について

付属音声の収録内容

本書の音声に対応した箇所は，本文では （♪）01 のように示してあります。収録内容とトラック番号は以下の通りです。

トラック	収録内容
01 〜 04	合格レッスン 1 〜 4
05 〜 09	合格レッスン 5 〜 9
10 〜 13	合格レッスン 10 〜 13
14 〜 15	合格レッスン 14 〜 15
16 〜 17	合格レッスン 16 〜 17
18 〜 21	合格レッスン 18 〜 19
22 〜 30	合格レッスン 18 〜 19　チェックテスト
31 〜 34	合格レッスン 20 〜 21
35 〜 43	合格レッスン 20 〜 21　チェックテスト
44 〜 47	合格レッスン 22 〜 23
48 〜 56	合格レッスン 22 〜 23　チェックテスト
57 〜 58	スピーキングテスト対策
59 〜 69	そっくり模試　リスニング第 1 部
70 〜 75	そっくり模試　リスニング第 2 部
76 〜 86	そっくり模試　リスニング第 3 部
87 〜 101	直前対策 BOOK

※ 5 級リスニングテストの英文は本番では 2 度放送されますが，「やってみよう！」「チェックテスト」では 1 度だけ収録されています。

音声の再生方法　　※以下のサービスは，予告なく終了することがあります。

1 公式アプリ「英語の友」（iOS／Android）でお手軽再生

ご利用方法

❶「英語の友」公式サイトより，アプリをインストール

https://eigonotomo.com/　　🔍 英語の友

（右の二次元コードから読み込めます）

❷ アプリ内のライブラリより「中学生のための英検5級合格レッスン[改訂版]」を選び，「追加」ボタンを押してください

> ✖「英語の友」スピーキング機能について
> スピーキング機能を利用すると，本書に収録しているスピーキングテスト対策の解答例のテキストを読み上げることで発音判定をすることができます。

※本アプリの機能の一部は有料ですが，本書の音声・スピーキング機能は無料でご利用いただけます。
※詳しいご利用方法は「英語の友」公式サイト，あるいはアプリ内ヘルプをご参照ください。

---

2 パソコンで音声データをダウンロード（MP3）

ご利用方法

❶ Web特典にアクセス。アクセス方法はp.8をご覧ください

❷「音声データダウンロード」から聞きたい音声を選択してダウンロード

※音声ファイルは，zip形式でダウンロードされるので，必ず展開してご利用ください。
※音声の再生にはMP3を再生できる機器などが必要です。ご使用機器，音声再生ソフト等に関する技術的なご質問は，ハードウェアメーカーもしくはソフトウェアメーカーにお願いいたします。

---

3 スマートフォン・タブレットでストリーミング再生

➡「そっくり模試」にのみ対応

ご利用方法

❶「学びの友」公式サイトにアクセス。詳細は，p.9をご覧ください
（右の二次元コードから読み込めます）

❷ マークシートを開き，リスニングテストの問題番号の横にある音声再生ボタンを押す

※「学びの友」公式サイトでは「そっくり模試」リスニングテストの音声のみお聞きいただけます。
※一度再生ボタンを押したら，最後の問題まで自動的に進みます。
※音声再生中に音声を止めたい場合は，停止ボタンを押してください。
※問題を1問ずつ再生したい場合は，問題番号を選んでから再生ボタンを押してください。
※音声の再生には多くの通信量が必要となりますので，Wi-Fi環境でのご利用をおすすめいたします。

Web特典について

アクセス方法

スマートフォン タブレット 	右の二次元コードを読み込んでアクセスしてください。
PC スマートフォン タブレット　共通 	❶ 以下の URL にアクセスします。 **https://eiken.obunsha.co.jp/gokakulesson/** ❷ ［改訂版］の「5 級」を選択し，以下の利用コードを入力します。 **ywhjrp**　※全て半角アルファベット小文字

※本サービスは予告なく，変更，終了することがあります。

特典内容

本書では以下の Web 特典をご利用いただくことができます。

自動採点サービス　➡ 詳しくは p.9

「そっくり模試」はオンラインマークシートで自動採点できる採点・見直しアプリ「学びの友」に対応しています。

音声データのダウンロード　➡ 詳しくは p.7

本書に付属の音声をダウンロードすることができます。

自動採点サービスについて

本書収録の「そっくり模試」(p.79) を，採点・見直し学習アプリ「学びの友」でカンタンに自動採点することができます。

- □ 便利な自動採点機能で学習結果がすぐにわかる
- □ 学習履歴から間違えた問題を抽出して解き直しができる
- □ 学習記録カレンダーで自分のがんばりを可視化

ご利用方法

① 「学びの友」公式サイトにアクセスします。
https://manatomo.obunsha.co.jp/ 　🔍 学びの友
（右の二次元コードからもアクセスできます）

② アプリを起動後，「旺文社まなび ID」に会員登録します。
会員登録は無料です。

③ アプリ内の「書籍を追加する」をタップして，ライブラリより本書を選び，「追加」ボタンを押します。

※iOS ／ Android 端末，Web ブラウザよりご利用いただけます。
※アプリの動作環境については，「学びの友」公式サイトをご参照ください。なお，本アプリは無料でご利用いただけます。
※詳しいご利用方法は「学びの友」公式サイト，あるいはアプリ内ヘルプをご参照ください。
※本サービスは予告なく，変更，終了することがあります。

英検5級の出題形式

筆記　🕐 25分

1　短文の語句空所補充　　目標時間 🕐 10分　15問

短文または会話文中の（　　）に適する語句を，4つの選択肢から1つ選ぶ問題です。主な出題パターンは，単語（名詞，動詞，形容詞，副詞），熟語，文法です。傾向としては，単語が7問，熟語が5問，文法が3問出題されることが多いです。

2　会話文の文空所補充　　目標時間 🕐 7分　5問

会話文中の（　　）に適する語句や文を，4つの選択肢から1つ選ぶ問題です。日常会話でよく使われる表現などが出題されます。

3　日本文付き短文の語句整序　　目標時間 🕐 8分　5問

日本文の意味を表すように①～④の語句を並べかえて英文を完成させます。1番目と3番目にくる組合せの番号を4つの選択肢から選びます。

リスニング 約20分

第1部	会話の応答文選択	放送回数 2回	10問

イラストを参考にしながら英文を聞き，その文に対する応答として最もふさわしいものを放送される3つの選択肢から1つ選ぶ問題です。問題冊子にはイラストだけが印刷されています。会話・選択肢とも放送回数は2回です。

第2部	会話の内容一致選択	放送回数 2回	5問

会話とその内容に関する質問を聞いて，質問の答えとして適切なものを問題冊子に印刷された4つの選択肢から1つ選ぶ問題です。会話と質問は2回放送されます。

第3部	イラストの内容一致選択	放送回数 2回	10問

イラストを見ながら3つの英文を聞き，その中からイラストの動作や状況を正しく表しているものを1つ選ぶ問題です。英文は2回放送されます。

スピーキングテスト 約3分

※筆記・リスニングとは別に行われる，コンピューター端末を利用したテストです。

英文（パッセージ）とイラストの付いたカードが画面に表示され，20秒の黙読のあと，英文の音読をするよう指示されます。それから，3つの質問をされます。

問題	形式・課題詳細
音読	20語程度の文章を読む。
No.1	音読した文章の内容についての質問に答える。
No.2	
No.3	日常生活の身近な事柄についての質問に答える。

英検® 受験情報

※ 2024 年 3 月時点の情報に基づいています。受験の際は，英検ウェブサイト等で最新情報をご確認ください。
※以下の情報は「従来型」のものです。

試験日程

試験は年に 3 回行われます。
※合否に関係なく，申込者全員がスピーキングテストを受験できます。詳しくは，英検ウェブサイトをご確認ください。

申し込み方法

団体受験

学校や塾などで申し込みをする団体受験もあります。詳しくは先生にお尋ねください。

個人受験

下記いずれかの方法でお申し込みください。

💻	**インターネット** （願書不要）	英検ウェブサイトから直接申し込む。 検定料は，クレジットカード，コンビニ，郵便局 ATM で支払う。
🏪	**コンビニ** （願書不要）	コンビニ店頭の情報端末に入力し，「申込券」が出力されたら検定料をレジで支払う。
📚	**英検特約書店** （要願書）	書店で検定料を支払い，「書店払込証書」と「願書」を協会へ郵送。

※申し込み方法については変更になる可能性があります。

検定料

検定料については英検ウェブサイトをご覧ください。

✖ お問い合わせ先

英検サービスセンター ☎ **03-3266-8311**
月～金 9:30 ～ 17:00（祝日・年末年始除く）

英検ウェブサイト **https://www.eiken.or.jp**

英検ウェブサイトでは，試験についての詳しい情報を見たり，入試などで英検を活用している学校を検索することができます。

合格LESSON

「合格レッスン」では，英検5級に必要な知識を学ぶことができ，確認問題の「やってみよう！」を通じて学んだことの理解度が確認できます。

レッスンの青い囲み内にまとめてある例文や語句は，音声に収録されていますので，ぜひ活用してください。

「チェックテスト」で間違えた問題は，レッスンに戻って，もう一度確認しましょう。

動詞の基本形を覚えよう

🎵 01

【筆記1】現在形・現在進行形

英語には大きく分けて2種類の動詞があります。be動詞と一般動詞です。

● be動詞（〜です）

主語　be動詞

I am Japanese. 私は日本人です。
私　＝　　日本人

> be動詞は主語と後ろの語を「＝」でつなぐ働きをする

be動詞は主語によって変化します。主語とbe動詞はくっつけて短くできます。

主語（単数）		be動詞	短縮形	主語（複数）		be動詞	短縮形
私は	I	am	I'm	私たちは	We	are	We're
あなたは	You	are	You're	あなたたちは	You	are	You're
彼は	He	is	He's	彼らは			
彼女は	She	is	She's	彼女たちは	They	are	They're
それは	It	is	It's	それらは			

> I, you 以外の単数の主語を「三人称単数」と呼ぶ

● 一般動詞（〜する）

主語　一般動詞

> be動詞以外のさまざまな動詞を一般動詞と呼ぶ

I play tennis. 私はテニスをします。
私　する　テニス

> 主語が He, She, It など三人称単数のときは動詞にsが付く

He plays tennis. 彼はテニスをします。

● 現在進行形（〜しているところです）

「〜している」と現在進行中の動作は〈be動詞 ＋ 一般動詞のing形〉で表します。

主語 ＋ be動詞 ＋ 一般動詞のing形　> be動詞は主語に合わせて変えることに注意！

I am playing tennis. 私はテニスをしています。
He is playing tennis. 彼はテニスをしています。

やってみよう！

解答解説 ➡ 別冊 p. 2

次の (1) から (5) までの（　　　）に入れるのに最も適切なものを **1**，**2**，**3**，**4** の中から一つ選び，その番号のマーク欄をぬりつぶしなさい。

(1)　I know those tall men.　They (　　　　) volleyball players.

　　　1　does　　　　　**2**　are　　　　　**3**　is　　　　　**4**　am

(2)　Peter (　　　　) playing tennis in the park.

　　　1　am　　　　　**2**　is　　　　　**3**　are　　　　　**4**　be

(3)　Mike and Keith (　　　　) classmates.　They often study together in the library.

　　　1　does　　　　　**2**　am　　　　　**3**　is　　　　　**4**　are

(4)　Aya has American friends.　She often (　　　　) them on weekends.

　　　1　meet　　　　　**2**　meeting　　　　　**3**　meets　　　　　**4**　to meet

(5)　My brothers are (　　　　) the dishes now.

　　　1　washing　　　**2**　washes　　　**3**　wash　　　**4**　washed

(1)	(2)	(3)	(4)	(5)
① ② ③ ④	① ② ③ ④	① ② ③ ④	① ② ③ ④	① ② ③ ④

否定文と疑問文の作り方を覚えよう

🎵 02

【筆記1】be 動詞・一般動詞の否定文と疑問文

否定文「～ではありません」と疑問文「～ですか」の作り方を確認しましょう。

● 否定文の作り方

be 動詞の文では，be 動詞の後ろに not を置きます。 is not は isn't と短い形にもできる

This soup is　　　 hot. このスープは熱いです。

This soup is not hot. このスープは熱くありません。

一般動詞の文では，動詞の前に don't を置きます。

I　　　　 play soccer. 私はサッカーをします。

I　 don't　 play soccer. 私はサッカーをしません。

主語が三人称単数の場合は doesn't を置く

He doesn't play soccer. 彼はサッカーをしません。

doesn't の後ろの動詞は s が付かない原形を使う

● 疑問文の作り方

be 動詞の文では，be 動詞を主語の前に出し，文末に？を付けます。

You are a student. あなたは生徒です。

Are you　　 a student? あなたは生徒ですか。

— **Yes, I am.** はい，そうです。／ **No, I'm not.** いいえ，違います。

一般動詞の文では，Do を主語の前に置き，文末に？を付けます。

You eat breakfast. あなたは朝食を食べます。

Do you eat breakfast? あなたは朝食を食べますか。

— **Yes, I do.** はい，食べます。／ **No, I don't.** いいえ，食べません。

主語が三人称単数の場合は Does を置く

Does he eat breakfast? 彼は朝食を食べますか。

疑問文のときは動詞の原形を使う

— **Yes, he does. ／ No, he doesn't.**
　　はい，食べます。　　　　いいえ，食べません。

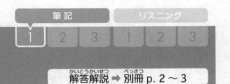
やってみよう！

解答解説 → 別冊 p. 2 ～ 3

次の (1) から (5) までの（　　）に入れるのに最も適切なものを **1**，**2**，**3**，**4** の中から一つ選び，その番号のマーク欄をぬりつぶしなさい。

(1)　*A:* Do you play tennis?

　　B: No, I (　　　　). But I play baseball.

　　1 aren't　　　　**2** don't　　　　**3** isn't　　　　**4** doesn't

(2)　I like natto very much, but my brother (　　　　).

　　1 isn't　　　　**2** aren't　　　　**3** don't　　　　**4** doesn't

(3)　*A:* (　　　　) your father a pilot?

　　B: Yes. He is in Singapore today.

　　1 Are　　　　**2** Is　　　　**3** Do　　　　**4** Does

(4)　*A:* (　　　　) John often cook at home?

　　B: No, but he washes the dishes.

　　1 Is　　　　**2** Are　　　　**3** Does　　　　**4** Do

(5)　*A:* (　　　　) you Cindy's aunt, Ms. Taylor?

　　B: Yes, I am.

　　1 Do　　　　**2** Does　　　　**3** Is　　　　**4** Are

(1)	(2)	(3)	(4)	(5)
① ② ③ ④	① ② ③ ④	① ② ③ ④	① ② ③ ④	① ② ③ ④

疑問詞を理解しよう

LESSON 3 合格

🎵 03

【筆記1】疑問詞疑問文

英語で「いつ」「どこで」「だれが」「何を」「どうやって」といったことを質問するときは、知りたい内容によって異なる疑問詞を使います。ここではさまざまな疑問詞について学びましょう。

● 何を・どこで・いつ 　知りたい内容に合う疑問詞を文頭に持ってくる

あなたは　飲む　紅茶　　　台所で　　　　夕食後に

Do you drink [tea] [in the kitchen] [after dinner]?

What do you drink [ ] in the kitchen after dinner? — Tea.
あなたは夕食後に台所で何を飲みますか。　　　　　　　　　　　　紅茶を。

Where do you drink tea [ ] after dinner? — In the kitchen.
あなたは夕食後にどこで紅茶を飲みますか。　　　　　　　　　　　台所で。

When do you drink tea in the kitchen [ ]? — After dinner.
あなたはいつ台所で紅茶を飲みますか。　　　　　　　　　　　　　夕食後に。

● だれ・だれのもの

Who is that man? — He is my father.
あの男の人はだれですか。　　　彼は私の父です。

Whose is this? — It's Ted's. 　名前の後ろに 's が付くと「〜のもの」の意味
これはだれのものですか。　　　テッドのものです。

● どうやって

How do you go there? — By plane.
あなたはどうやってそこに行きますか。　　飛行機で。

18

やってみよう！

解答解説 ➡ 別冊 p. 3

次の (1) から (5) までの（　）に入れるのに最も適切なものを **1**，**2**，**3**，**4** の中から一つ選び，その番号のマーク欄をぬりつぶしなさい。

(1) **A:** (　　　) is David?

  B: He's at school now.

  1 When　　　　**2** How　　　　**3** What　　　　**4** Where

(2) **A:** (　　　) do you make cookies, Paul?

  B: On weekends.

  1 What　　　　**2** Who　　　　**3** When　　　　**4** Where

(3) **A:** (　　　) is that boy over there, Karen?

  B: He's my brother.

  1 Whose　　　　**2** How　　　　**3** What　　　　**4** Who

(4) **A:** Wow, this red bike is very nice. (　　　) is it?

  B: It's my sister's.

  1 Who　　　　**2** Whose　　　　**3** Which　　　　**4** What

(5) **A:** (　　　) do you go to the library, Bill?

  B: By bike.

  1 How　　　　**2** Where　　　　**3** When　　　　**4** Which

(1)	(2)	(3)	(4)	(5)
① ② ③ ④	① ② ③ ④	① ② ③ ④	① ② ③ ④	① ② ③ ④

代名詞の使い方を確認しよう

♪ 04

【筆記 1】代名詞

英語ではふつう，すでに話題にのぼった人や物について述べるときは，同じ単語を繰り返さず，「彼」「彼女」「それ」などの代名詞に置き換えます。

This is Mr. Jones.　He is a music teacher.

> Mr. Jones を繰り返さずに，代名詞の He を使う。

こちらはジョーンズ先生です。彼は音楽の先生です。

代名詞は，それがどんな語を置き換えているかによって，使い分けます。また，それが文の中でどんな役割を果たしているかによっても形が変わります。

● 代名詞の使い方

I have a friend. ぼくには友だちがいます。
She is a doctor. 彼女は医者です。
Her name is Emily. 彼女の名前はエミリーです。
I know her well. ぼくは彼女をよく知っています。
This bag is hers. このかばんは彼女のものです。

● 代名詞の種類

	単数 (1 人 [1 つ])					複数 (2 人 [2 つ] 以上)			
	～は	～の	～を ～に	～のもの		～は	～の	～を ～に	～のもの
私	I	my	me	mine	私たち	we	our	us	ours
あなた	you	your	you	yours	あなたたち	you	your	you	yours
彼	he	his	him	his	彼ら				
彼女	she	her	her	hers	彼女たち	they	their	them	theirs
それ	it	its	it		それら				

やってみよう！

解答解説 ⇒ 別冊 p. 3 ～ 4

次の (1) から (5) までの (　　) に入れるのに最も適切なものを **1**, **2**, **3**, **4** の中から一つ選び，その番号のマーク欄をぬりつぶしなさい。

(1)　Mike and I are good friends. (　　　) go camping every summer.

　　　1　He　　　　　**2**　She　　　　　**3**　You　　　　　**4**　We

(2)　Naomi and Yumi are sisters. (　　　) house is near the station.

　　　1　Her　　　　**2**　Our　　　　　**3**　Their　　　　**4**　Your

(3)　Jun is a kind boy. Everyone likes (　　　).

　　　1　her　　　　**2**　him　　　　　**3**　them　　　　**4**　it

(4)　*A:* Is this dictionary yours?

　　　B: No. It's not (　　　). It's my sister's.

　　　1　yours　　　**2**　hers　　　　**3**　his　　　　　**4**　mine

(5)　That woman is Ms. Smith. (　　　) is our English teacher.

　　　1　She　　　　**2**　He　　　　　**3**　It　　　　　**4**　They

(1)	(2)	(3)	(4)	(5)
① ② ③ ④	① ② ③ ④	① ② ③ ④	① ② ③ ④	① ② ③ ④

1〜4　チェックテスト

解答解説 ➡ 別冊 p. 4〜5

次の (1) から (8) までの（　　）に入れるのに最も適切なものを **1**，**2**，**3**，**4** の中から一つ選び，その番号のマーク欄をぬりつぶしなさい。

(1)　*A:* Are you a junior high school student?

　　B: Yes, I (　　　　).

　　1 are　　　　　**2** is　　　　　**3** am　　　　　**4** do

(2)　Andy is (　　　　) the drums in the music room now.

　　1 play　　　　**2** plays　　　　**3** playing　　　　**4** played

(3)　My mother likes cooking, but I (　　　　).

　　1 don't　　　**2** doesn't　　　**3** aren't　　　**4** isn't

(4)　*A:* (　　　　) your uncle live in London, Yuko?

　　B: Yes. He works at a bank there.

　　1 Are　　　　**2** Is　　　　**3** Do　　　　**4** Does

(1)	(2)	(3)	(4)
① ② ③ ④	① ② ③ ④	① ② ③ ④	① ② ③ ④

ここを見直し!　▷　　Lesson 1　　　Lesson 1　　　Lesson 2　　　Lesson 2

(5)　*A:* (　　　　) are you from, Ms. Bell?

　　B: I'm from Canada.

　　1 Where　　**2** How　　**3** Which　　**4** When

(6)　*A:* (　　　　) does your sister usually practice the piano?

　　B: After school.

　　1 How　　**2** What　　**3** When　　**4** Where

(7)　Those boys are my classmates. I often play baseball with (　　　　).

　　1 him　　**2** you　　**3** them　　**4** us

(8)　*A:* Is this May's bag, Dick?

　　B: Yes, it's (　　　　).

　　1 she　　**2** her　　**3** hers　　**4** their

(5)	(6)	(7)	(8)
① ② ③ ④	① ② ③ ④	① ② ③ ④	① ② ③ ④
Lesson 3	Lesson 3	Lesson 4	Lesson 4

身近なものを表すことばを覚えよう

🎵 05

5級では日頃から目にするものや身近なことがらに関することばが出題されます。まずは，物の名前を覚えましょう。関連のあるものをまとめて覚えると効率的です。

● 家・室内

home 家庭，家
room 部屋
bedroom 寝室
bathroom 浴室，トイレ
kitchen 台所

bed ベッド
window 窓
door ドア
letter 手紙
box 箱

● 趣味

music 音楽　　song 歌　　concert コンサート　　movie 映画
sport スポーツ　　racket ラケット　　game ゲーム，試合　　dance ダンス

● 食事・食べ物

breakfast 朝食　　food 食べ物
lunch 昼食　　water 水
dinner 夕食　　milk 牛乳
bread パン　　tea 紅茶
fruit くだもの
dessert デザート

● 時を表す語

morning 朝
night 夜
day 日
week 週
month 月
year 年

● 複数形の作り方

| 1つ | 2つ以上 |

a room ➡ rooms 部屋　← 1つのときは前に a を置き，2つ以上のときは最後に s が付く

a box ➡ boxes 箱　　a class ➡ classes 授業，クラス　← es が付くものもある

a city ➡ cities 都市　← y を ies に変えるものもある

やってみよう！

解答解説 ➡ 別冊 p. 5 ～ 6

次の (1) から (5) までの（　）に入れるのに最も適切なものを **1**，**2**，**3**，**4** の中から一つ選び，その番号のマーク欄をぬりつぶしなさい。

(1) **A:** Do you play the piano, Cathy?
 B: Yes. I like (　　　) very much.

  1 sports   **2** music   **3** animals   **4** food

(2) **A:** Where do you usually have (　　　)?
 B: I eat at the school cafeteria.

  1 homework   **2** time   **3** lunch   **4** lesson

(3) **A:** Please put all your toys in these (　　　).
 B: OK, Mom.

  1 notebooks   **2** pens   **3** boxes   **4** dishes

(4) Tina writes a (　　　) to her grandmother every month.

  1 picture   **2** test   **3** ticket   **4** letter

(5) My father reads the newspaper every (　　　) after dinner.

  1 night   **2** morning   **3** hour   **4** table

(1)	(2)	(3)	(4)	(5)
① ② ③ ④	① ② ③ ④	① ② ③ ④	① ② ③ ④	① ② ③ ④

学校や街・自然に関することばを覚えよう

【筆記1】名詞②

学校生活やその周りにあるものを表すことばを，仲間に分けて覚えましょう。

● 学校生活

school 学校
class クラス，授業
lesson レッスン，授業
classroom 教室
teacher 先生，教師
student 生徒，学生
club クラブ，部
team チーム

desk つくえ
chair いす
textbook 教科書
notebook ノート
pen ペン
eraser 消しゴム
homework 宿題
page ページ

● 施設

pool プール
gym 体育館，ジム
library 図書館
cafeteria カフェテリア，食堂
park 公園
station 駅
bus stop バス停
hospital 病院
zoo 動物園
restaurant レストラン

● 自然・生きもの

mountain 山
sky 空
flower 花
tree 木
animal 動物
pet ペット
bird 鳥
fish 魚
dog イヌ
cat ネコ

● その他

present プレゼント
newspaper 新聞
name 名前
magazine 雑誌
people 人々
story 物語，話
friend 友だち
country 国

やってみよう！

解答解説 ➡ 別冊 p. 6

次の (1) から (5) までの (　　) に入れるのに最も適切なものを **1**，**2**，**3**，**4** の中から一つ選び，その番号のマーク欄をぬりつぶしなさい。

(1)　*A:* Hello. My (　　　　) is Nick.

　　　B: Hi, Nick. I'm Beth.

　　　1　subject　　　**2**　name　　　　**3**　year　　　　**4**　home

(2)　Let's start the class. Open your (　　　　) to page 18.

　　　1　lessons　　　**2**　textbooks　　**3**　teachers　　**4**　classrooms

(3)　*A:* Do you often go to the (　　　　)?

　　　B: Yes. I play tennis there.

　　　1　restaurant　　**2**　park　　　　**3**　bookstore　　**4**　hospital

(4)　My sister and I like (　　　　). We sometimes go to the zoo.

　　　1　animals　　　**2**　flowers　　　**3**　music　　　　**4**　movies

(5)　We are on the baseball (　　　　) in our city.

　　　1　player　　　　**2**　racket　　　**3**　friend　　　**4**　team

(1)	(2)	(3)	(4)	(5)
① ② ③ ④	① ② ③ ④	① ② ③ ④	① ② ③ ④	① ② ③ ④

動作を表すことばを覚えよう

🎵 07

【筆記1】動詞

「演奏する」「話す」のように，動作を表すことばを動詞と言います。英語では，動詞は主語の後ろに置かれ，主語が「何をするか」を表します。ここでは動詞を覚えましょう。

主語　動詞　　　演奏する楽器の前には the が付く

Ken plays the flute.
ケンはフルートを演奏します。

● 家でよくすること

open the door ドアを開ける
close the window 窓を閉める
speak English 英語を話す
write a letter 手紙を書く
read a book 本を読む
use a dictionary 辞書を使う
study math 数学を勉強する

cook dinner 夕食を料理する
eat breakfast 朝食を食べる
drink milk 牛乳を飲む
wash dishes 皿を洗う
clean the kitchen 台所をそうじする
help me 私を助ける，私を手伝う
watch TV テレビを見る

study は三人称単数が主語のときは studies となる

● 外でよくすること

walk 歩く　　**run** 走る　　　**jump** 跳ぶ
fly 飛ぶ　　　**swim** 泳ぐ　　**go** 行く
play 遊ぶ，（スポーツなど）をする，（楽器）を演奏する
see 〜が見える，〜に会う

● ほかの重要な動詞

want 〜がほしい
need 〜を必要とする
know （〜を）知っている
sing （〜を）歌う

※動詞の前に can がくると「〜できる」，can't がくると「〜できない」の意味になります。

主語　　　動詞　　動詞の前に置き，後ろの動詞は原形

Ken can play the flute. ケンはフルートを演奏することができます。
Ken can't play the flute. ケンはフルートを演奏することができません。

やってみよう！

解答解説 ➡ 別冊 p. 6 〜 7

次の (1) から (5) までの（　　）に入れるのに最も適切なものを **1**，**2**，**3**，**4** の中から一つ選び，その番号のマーク欄をぬりつぶしなさい。

(1)　I (　　　　) that man.　He's a singer.

　　　1　walk　　　　**2**　start　　　　**3**　know　　　　**4**　clean

(2)　I (　　　　) lunch every Sunday.　I often make curry.

　　　1　cook　　　　**2**　write　　　　**3**　see　　　　**4**　go

(3)　This is Henry.　He (　　　　) English and French.

　　　1　sings　　　　**2**　starts　　　　**3**　eats　　　　**4**　speaks

(4)　Let's (　　　　) soccer after school.

　　　1　go　　　　**2**　play　　　　**3**　walk　　　　**4**　make

(5)　*A:* Chris, I can't open the window.　Please (　　　　) me.
　　　B: OK, Susan.

　　　1　get　　　　**2**　help　　　　**3**　take　　　　**4**　live

(1)	(2)	(3)	(4)	(5)
① ② ③ ④	① ② ③ ④	① ② ③ ④	① ② ③ ④	① ② ③ ④

ものの様子を表すことばを覚えよう

♪ 08

【筆記1】形容詞

「大きいイヌ」「白いイヌ」「かわいいイヌ」など，ものの様子を説明するときに使うことばを「形容詞」と言います。ここでは形容詞の使い方を学びましょう。

This is my favorite jacket.
後ろの名詞を説明する

これはぼくのお気に入りのジャケットです。

It's new.
be動詞の後ろにくると「主語は〜だ」という意味になる

それは新しいです。

反対の意味のことばと組み合わせて覚えるといいものもあります。

● 反対の意味のことばをペアで覚えよう

big 大きい ⬌ **small** 小さい

hot 暑い／熱い ⬌ **cold** 寒い／冷たい

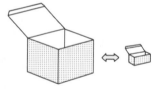

意味によって，反対の意味のことばが変わる組み合わせに注意しよう

old 古い ⬌ **new** 新しい

old 年をとった ⬌ **young** 若い

short 短い ⬌ **long** 長い

short 背が低い ⬌ **tall** 背が高い

● ほかに覚えておきたい形容詞

She is sleepy.
彼女は眠いです。

happy 幸せな，うれしい　　**nice** すてきな，親切な　　**pretty** きれいな，かわいい

beautiful 美しい　　　　　**cute** かわいい　　　　　　**great** すばらしい，偉大な

easy 簡単な　　　　　　　**hungry** おなかがすいている　**good** よい

sweet あまい

やってみよう！

解答解説 ➡ 別冊 p. 7 〜 8

次の (1) から (5) までの（　）に入れるのに最も適切なものを **1**，**2**，**3**，**4** の中から一つ選び，その番号のマーク欄をぬりつぶしなさい。

(1) **A:** Mom, it's snowing!

　　 B: Yes, it's very (　　　). Please close the window.

　　 1 cold　　　　**2** sweet　　　　**3** easy　　　　**4** young

(2) **A:** What is your favorite animal, Rina?

　　 B: I like cats. They're very (　　　).

　　 1 long　　　　**2** old　　　　**3** pretty　　　　**4** slow

(3) This shirt is too big for me. I want a (　　　) one.

　　 1 tall　　　　**2** small　　　　**3** fast　　　　**4** happy

(4) Look at the sky. The stars are (　　　).

　　 1 cloudy　　　　**2** hungry　　　　**3** beautiful　　　　**4** long

(5) **A:** Do you like this music?

　　 B: Yes, it's (　　　)!

　　 1 hungry　　　　**2** young　　　　**3** warm　　　　**4** great

(1)	(2)	(3)	(4)	(5)
① ② ③ ④	① ② ③ ④	① ② ③ ④	① ② ③ ④	① ② ③ ④

文法

単熟語

会話表現

文の組み立て

リスニング

時や場所などの表し方を覚えよう

「いつ」「どこで」「どのように」するのかを表すのに使うことばを学習しましょう。こ
とばの並べ方が日本語と異なることに気をつけましょう。

● **時を表す前置詞**

「〜に」
- **at** ＋ 時刻 　　**at 7:00** 　7時に
- **on** ＋ 日付／曜日 　　**on Sunday** 　日曜日に
- **in** ＋ 月／季節／年 　　**in winter** 　冬に

「〜の前に」　**before** lunch 　昼食の前に

「〜の後に」　**after** dinner 　夕食の後に

● **位置・場所を表す前置詞**

「〜で」
- **in** ＋ 広い場所 　　**in London** 　ロンドンで
- **at** ＋ 狭い場所・地点 　　**at the station** 　駅で

「〜の下に」　**under** the table 　テーブルの下に

● **覚えておきたいほかの前置詞**

go by train 　電車で行く

go with my mother 　母といっしょに行く

from Tokyo to Osaka 　東京から大阪まで

a present from Lisa 　リサからのプレゼント

● **覚えておきたい副詞**

Tom plays the guitar well. 　トムはギターを上手に弾きます。

「上手に」を表す副詞の well は後ろに置く

Tom often plays the guitar. 　トムはよくギターを弾きます。

「よく」「たまに」「いつも」など頻度を表す副詞は動詞の前に置く

about 20 CDs 　約20枚のCD

やってみよう！

解答解説 ➡ 別冊 p. 8

次の (1) から (5) までの （　　） に入れるのに最も適切なものを **1**，**2**，**3**，**4** の中から一つ選び，その番号のマーク欄をぬりつぶしなさい。

(1)　Paul goes to the library (　　　) bus.

　　1　to　　　　　　**2**　for　　　　　　**3**　on　　　　　　**4**　by

(2)　I often go to the movies (　　　) Kevin.

　　1　to　　　　　　**2**　by　　　　　　**3**　with　　　　　**4**　from

(3)　**A:** Nancy, your hat is very nice.
　　B: Thank you. It's a birthday present (　　　) my sister.

　　1　from　　　　　**2**　to　　　　　　**3**　of　　　　　　**4**　with

(4)　I read a newspaper (　　　) breakfast.

　　1　under　　　　**2**　before　　　　**3**　near　　　　　**4**　in

(5)　Yuki can speak English very (　　　).

　　1　large　　　　**2**　well　　　　　**3**　right　　　　　**4**　tall

(1)	(2)	(3)	(4)	(5)
① ② ③ ④	① ② ③ ④	① ② ③ ④	① ② ③ ④	① ② ③ ④

文法

単熟語

会話表現

文の組み立て

リスニング

次の (1) から (10) までの (　　　) に入れるのに最も適切なものを **1**，**2**，**3**，**4** の中から一つ選び，その番号のマーク欄をぬりつぶしなさい。

(1)　My sister is in the (　　　) now.　She is cooking dinner.

1　pool　　　　**2**　kitchen　　　　**3**　bedroom　　　　**4**　bathroom

(2)　*A:* Do you want some juice?

　　B: No, thank you.　Just cold (　　　), please.

1　week　　　　**2**　sugar　　　　**3**　desk　　　　**4**　water

(3)　This park is beautiful.　Many (　　　) come here.

1　houses　　　　**2**　sports　　　　**3**　people　　　　**4**　countries

(4)　Let's go to the (　　　) and take pictures of the animals there.

1　pool　　　　**2**　zoo　　　　**3**　library　　　　**4**　station

(5)　I usually (　　　) to school with my sister.

1　listen　　　　**2**　wash　　　　**3**　walk　　　　**4**　drink

(1)	(2)	(3)	(4)	(5)
① ② ③ ④	① ② ③ ④	① ② ③ ④	① ② ③ ④	① ② ③ ④

ここを見直し！　　　Lesson 5　　　Lesson 5　　　Lesson 6　　　Lesson 6　　　Lesson 7

(6) I often (　　　) my father's computer.

1 know **2** use **3** jump **4** cook

(7) I'm very (　　　). Good night, Mom and Dad.

1 kind **2** fine **3** hungry **4** sleepy

(8) I have a lot of math homework today. But it's (　　　) for me.

1 high **2** easy **3** sunny **4** cute

(9) This bus goes from Kyoto (　　　) Hiroshima.

1 to **2** with **3** off **4** in

(10) *A:* Do you have any science books, Joe?
B: Yes. I have (　　　) 10.

1 up **2** in **3** about **4** down

(6)	(7)	(8)	(9)	(10)
① ② ③ ④	① ② ③ ④	① ② ③ ④	① ② ③ ④	① ② ③ ④
Lesson 7	Lesson 8	Lesson 8	Lesson 9	Lesson 9

組み合わせて使う表現を覚えよう①

🎵 10

【筆記1】熟語：動詞として使うもの

2つ以上のことばを組み合わせることで，新たな意味になるものを「熟語」と言います。ここでは，動詞として使われる熟語を中心に学習しましょう。

● come from ～／〈be 動詞 + from ～〉　～出身である

She comes from Brazil.

She is from Brazil.

彼女はブラジル出身です。

> be 動詞は主語によって変わるので，「私は～出身です」は I'm from ～ となる

● 〈go + ～ing〉　～しに行く

go shopping 買い物に行く　　**go fishing** 魚釣りに行く

go swimming 泳ぎに行く　　**go skiing** スキーに行く

go camping キャンプに行く　　**go hiking** ハイキングに行く

● 反対の意味を表す熟語

get up ⟷ **go to bed**　　**stand up** ⟷ **sit down**　　**go to ～** ⟷ **come to ～**
起きる　　寝る　　　立ち上がる　　腰を下ろす　　～へ行く　　～に来る

● そのほかの覚えておきたい熟語

look at flowers 花を見る　　**listen to a song** 歌を聞く

live in Nagoya 名古屋に住んでいる　　**talk about my family** 私の家族について話す

take a picture 写真をとる　　**take a shower** シャワーを浴びる

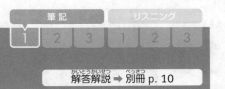
やってみよう！

解答解説 ➡ 別冊 p. 10

次の (1) から (5) までの （　　）に入れるのに最も適切なものを **1**，**2**，**3**，**4** の中から一つ選び，その番号のマーク欄をぬりつぶしなさい。

(1)　Let's (　　　) camping this summer, everyone!

　　1　go　　　　　**2**　open　　　　**3**　walk　　　　**4**　meet

(2)　I usually (　　　) up at six in the morning.

　　1　see　　　　**2**　make　　　　**3**　live　　　　**4**　get

(3)　You can (　　　) a shower here.

　　1　know　　　**2**　play　　　　**3**　take　　　　**4**　come

(4)　My brother and sister (　　　　) in America now.

　　1　watch　　**2**　fly　　　　　**3**　live　　　　**4**　put

(5)　*A:* (　　　) at these cats!
　　B: Oh, they're very cute!

　　1　Look　　　**2**　Sing　　　　**3**　Eat　　　　**4**　Make

(1)	(2)	(3)	(4)	(5)
① ② ③ ④	① ② ③ ④	① ② ③ ④	① ② ③ ④	① ② ③ ④

文法

単熟語

会話表現

文の組み立て

リスニング

合格 LESSON 11 組み合わせて使う表現を覚えよう②

🎵 11

【筆記1】熟語：数や量を示す表現・疑問詞を使った表現

ここでは形容詞や疑問詞として使うことができる表現を覚えましょう。数や量，単位などを補足するときや，より詳しい情報を知りたいときに使います。

● 年齢・高さを示す表現

Bill is 13 years old.
ビルは13歳です。

Jane is 160 centimeters tall.
ジェーンは身長160センチメートルです。

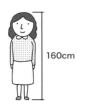

● 数や量を示す表現

a lot of students たくさんの生徒たち

a lot of money たくさんのお金

a cup of tea 1杯の紅茶

a glass of milk コップ1杯の牛乳

● 〈How ＋ ～？〉 どのくらいの～？

How many eggs do you need?
あなたは卵がいくつ必要ですか。

How many（数を聞く）

How much is this pen?
このペンはいくらですか。

How much（値段を聞く）

How long is this movie?
この映画はどのくらいの長さですか。

How long
（時間などの長さ・ものの長さを聞く）

● 〈What ＋ ～？〉 何の・どんな～？

What time do you get up?
あなたは何時に起きますか。

What color do you like?
あなたは何色が好きですか。

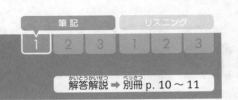
やってみよう！

解答解説 ➡ 別冊 p. 10 ～ 11

次の (1) から (5) までの（　　）に入れるのに最も適切なものを **1**，**2**，**3**，**4** の中から一つ選び，その番号のマーク欄をぬりつぶしなさい。

(1)　*A:* Do you want a (　　　　) of coffee, Mark?
　　　B: Yes, please.
　　　1　dish　　　　　**2**　plate　　　　　**3**　cup　　　　　**4**　fork

(2)　*A:* Jane, you have a (　　　　) of DVDs.
　　　B: Yes. I often watch movies in my room.
　　　1　cup　　　　　**2**　glass　　　　　**3**　lot　　　　　**4**　little

(3)　*A:* How (　　　　) classes do you have at school today?
　　　B: Five.
　　　1　much　　　　　**2**　old　　　　　**3**　about　　　　　**4**　many

(4)　*A:* What (　　　　) do you get up?
　　　B: At 7:30.
　　　1　day　　　　　**2**　time　　　　　**3**　week　　　　　**4**　month

(5)　I'm 154 centimeters (　　　　).
　　　1　tall　　　　　**2**　old　　　　　**3**　long　　　　　**4**　high

(1)	(2)	(3)	(4)	(5)
① ② ③ ④	① ② ③ ④	① ② ③ ④	① ② ③ ④	① ② ③ ④

合格 LESSON 12 組み合わせて使う表現を覚えよう③

♪ 12

【筆記1】熟語：副詞として使うもの

時間や場所，手段を示す表現の中には，決まり文句のように組み合わせて使われるものがあります。5級でよく出題される基本的なものを覚えましょう。

● 時に関する表現

My mother reads the newspaper in the morning.
私の母は朝に新聞を読みます。

in the morning 朝 [午前 (中)] に
in the afternoon 午後に
in the evening 夕方 [晩] に
at night 夜に　**after school** 放課後に
every day 毎日　**every night** 毎晩　**every Monday** 毎週月曜日に

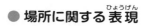

● 場所に関する表現

at home 家で

I do my homework at home.
私は家で宿題をします。

at school 学校で

He studies Spanish at school.
彼は学校でスペイン語を勉強します。

over there あそこに [の]

Look at the house over there.
あそこの家を見て。

in bed ベッドで寝ている

She is in bed now.
彼女は今 (病気で) 寝ています。

● 手段に関する表現

on TV テレビで

I watch soccer on TV.
私はテレビでサッカーを見ます。

on the radio ラジオで

He listens to music on the radio.
彼はラジオで音楽を聞きます。

やってみよう！

解答解説 ➡ 別冊 p. 11 ～ 12

次の (1) から (5) までの (　　) に入れるのに最も適切なものを **1**，**2**，**3**，**4** の中から一つ選び，その番号のマーク欄をぬりつぶしなさい。

(1) **A:** Where is your brother?

    B: He's (　　　) there. He's near the window.

    1 well   **2** also   **3** from   **4** over

(2) Mr. Jones drinks a cup of coffee (　　　) the morning.

    1 at   **2** of   **3** in   **4** on

(3) Brian likes music very much. He plays the guitar (　　　) night.

    1 every   **2** much   **3** many   **4** good

(4) **A:** Where is your sister now, Tom?

    B: She is (　　　) home.

    1 with   **2** at   **3** for   **4** of

(5) **A:** What do you do after dinner?

    B: I watch baseball games (　　　) TV.

    1 off   **2** on   **3** at   **4** in

(1)	(2)	(3)	(4)	(5)
① ② ③ ④	① ② ③ ④	① ② ③ ④	① ② ③ ④	① ② ③ ④

会話で使われる定型表現を覚えよう

🎵 13

【筆記1】会話の定型表現

ここでは，基本的な会話表現を覚えましょう。筆記試験では，文字で読んで理解できることが重要です。発音に合わせて，つづりもチェックしておきましょう。

● 重要な基本会話表現

話しかける	**Excuse me.** すみません。
歓迎する	**Welcome to our school.** 私たちの学校へようこそ。
お礼を言う	**Thank you for your help.** 手伝ってくれてありがとう。
差し出す	**Here you are.** はい，どうぞ。
意見を聞く	**How about you?** あなたはどうですか。

● 返答・あいづち・同意の応答

I see. なるほど。／ わかりました。

All right. わかりました。／ 大丈夫です。

Of course. もちろんです。

Me, too. 私もです。

● 時に関する表現

何かの時間だと伝える	**It's time for breakfast.** 朝食の時間ですよ。
曜日をたずねる	**What day of the week is it today?** 今日は何曜日ですか。 — **It's Friday.** 金曜日です。
時刻をたずねる	**What time is it?** — **It's two o'clock.** 何時ですか。 2時です。

やってみよう！

解答解説 ➡ 別冊 p. 12

次の (1) から (5) までの (　　) に入れるのに最も適切なものを **1**，**2**，**3**，**4** の中から一つ選び，その番号のマーク欄をぬりつぶしなさい。

(1) Welcome (　　) our school! Please come in, John.

1 in　　　　**2** to　　　　**3** at　　　　**4** for

(2) *A:* Are you painting a flower, Jane?

B: No, I'm painting an apple.

A: Oh, I (　　).

1 see　　　　**2** watch　　　　**3** have　　　　**4** get

(3) *A:* Can you sing this song?

B: Yes, (　　) course.

1 on　　　　**2** in　　　　**3** to　　　　**4** of

(4) *A:* I like that soccer player very much.

B: (　　), too, Jeff.

1 My　　　　**2** Me　　　　**3** They　　　　**4** Them

(5) *A:* Naomi, it's (　　) for lunch.

B: OK, I'm coming.

1 day　　　　**2** week　　　　**3** time　　　　**4** month

(1)	(2)	(3)	(4)	(5)
① ② ③ ④	① ② ③ ④	① ② ③ ④	① ② ③ ④	① ② ③ ④

10～13 チェックテスト

解答解説 ➡ 別冊 p. 12 ～ 13

次の (1) から (8) までの (　　) に入れるのに最も適切なものを **1**, **2**, **3**, **4** の中から一つ選び，その番号のマーク欄をぬりつぶしなさい。

(1)　**A:** Please (　　　　) down here.

　　B: Thanks, Ms. Brown.

　　1 watch　　　　**2** sit　　　　　**3** cut　　　　　**4** live

(2)　My mother usually (　　　　) to the radio in the morning.

　　1 watches　　**2** sings　　　**3** listens　　　**4** takes

(3)　**A:** I want a (　　　　) of milk.

　　B: Here you are, Sam.

　　1 lunchbox　**2** glass　　　**3** knife　　　　**4** plate

(4)　**A:** How (　　　　) are your English lessons?

　　B: They're 50 minutes.

　　1 much　　　**2** many　　　**3** high　　　　**4** long

(1)	(2)	(3)	(4)
① ② ③ ④	① ② ③ ④	① ② ③ ④	① ② ③ ④

ここを見直し!　　　　Lesson 10　　Lesson 10　　Lesson 11　　Lesson 11

(5)　I sometimes play computer games (　　　) school.

1 from　　　**2** with　　　**3** to　　　**4** after

(6)　*A:* Do you watch TV (　　　) night, Yoko?
　　B: Yes, I do.

1 on　　　**2** of　　　**3** at　　　**4** in

(7)　*A:* Roy, thank you (　　　) your help.
　　B: You're welcome, Kate.

1 for　　　**2** by　　　**3** to　　　**4** with

(8)　*A:* I like this singer. How (　　　) you?
　　B: Me, too. He's wonderful!

1 with　　　**2** about　　　**3** after　　　**4** under

(5)	(6)	(7)	(8)
① ② ③ ④	① ② ③ ④	① ② ③ ④	① ② ③ ④
Lesson 12	Lesson 12	Lesson 13	Lesson 13

相手の発言に返事をしよう①

♪ 14

【筆記2】基本となる応答

筆記2は会話を完成させる問題です。相手の発言への返答を選ばせる問題も出題されます。ここでは，返答でよく使われる基本的な表現を覚えましょう。

● **いろいろなあいさつと応答**　会話表現はセットで覚えよう

Hi, my name is Yuji. — **Nice to meet you.**
こんにちは，ぼくの名前はユウジです。　　　はじめまして。

How are you (doing)?
調子はどうですか。

Good. Thank you.
(I'm) fine. Thank you.
元気です。ありがとう。

Goodbye. — **See you (later).**
さようなら。　　またね。

Have a nice day [weekend]! — **Thank you. You, too.**
よい1日［週末］を！　　　　　　　　　ありがとう。あなたも。

It's time for bed. — **OK. Good night.**
寝る時間ですよ。　　　わかったよ。おやすみなさい。

● **いろいろな場面の会話**

Do you want some cake? — **Yes, please. / No, thank you.**
ケーキがほしいですか。　　　　はい，お願いします。／いいえ，けっこうです。

Dinner is ready. — **Great! I'm (really) hungry.**
夕食が準備できましたよ。　　　やったあ！（本当に）おなかがすいているの。

These flowers are for you. — **Thank you. They are pretty.**
この花は君にだよ。　　　　　　ありがとう。きれいね。

Thank you for the present. — **You're welcome.**
プレゼントをありがとう。　　　　どういたしまして。

やってみよう！

解答解説 ➡ 別冊 p. 13 〜 14

次の (1) から (4) までの会話について，（　　）に入れるのに最も適切なものを **1**，**2**，**3**，**4** の中から一つ選び，その番号のマーク欄をぬりつぶしなさい。

(1)　***Woman:*** Do you want some milk?

　　　Boy: (　　　　)

　　1　Yes, I am.　　　　　　**2**　No, thank you.

　　3　Me, too.　　　　　　　**4**　You're right.

(2)　***Boy:*** Hi, Ann. (　　　　)

　　Girl: Fine, thanks.

　　1　What do you do?　　　　**2**　When is it?

　　3　How are you doing?　　　**4**　Who are you?

(3)　***Woman:*** Hello. My name is Tina.

　　Man: Hello, Tina. I'm Bob. (　　　　)

　　1　Nice to meet you.　　　**2**　Here you are.

　　3　It's not yours.　　　　　**4**　You can do it.

(4)　***Mother:*** Let's eat some cake.

　　Boy: Sounds great! (　　　　)

　　1　I don't like it.　　　　　**2**　It's very cold.

　　3　It's Friday today.　　　　**4**　I'm very hungry.

(1)	(2)	(3)	(4)
① ② ③ ④	① ② ③ ④	① ② ③ ④	① ② ③ ④

合格 LESSON 15

疑問文の答え方を覚えよう

15

【筆記 2】疑問文への応答

疑問文は，最初の部分を見ればどんな答えが求められているかわかります。また，疑問文を選ぶ問題も出るので，返答を見て何を聞かれているのかを推測する練習もしましょう。

● Yes / No を答える疑問文 〔Do / Does で始まる疑問文は Yes か No で答えるのが基本〕

Do you play the piano? — **Yes, I do. / No, I don't.**
あなたはピアノを弾きますか。 はい，弾きます。／いいえ，弾きません。

— **Yes. I play every day.**
はい。私は毎日弾きます。

— **No, but I play the guitar.**
いいえ，でも私はギターを弾きます。

Does this bus go to the station? — **Yes, it does. / No, it doesn't.**
このバスは駅に行きますか。 はい，行きます。／いいえ，行きません。

— **Sorry, I don't know.**
ごめんなさい，知りません。

疑問文の作り方については Lesson 2 (p.16) を復習しよう。

● 疑問詞とその答え 〔疑問詞で始まる疑問文は具体的なものを答える〕

What 何を [が] →〈物〉を答える

What do you do on Saturdays? — **I play baseball.**
あなたは毎週土曜日に何をしますか。 ぼくは野球をします。

Where どこで [へ] →〈場所〉を答える

Where's your baseball cap? — **It's in my bag.**
あなたの野球帽はどこですか。 それはぼくのかばんの中です。

When いつ →〈時〉を答える

When do you practice baseball? — **On weekends.**
あなたはいつ野球を練習しますか。 週末に。

やってみよう！

解答解説 ➡ 別冊 p. 14 ～ 15

次の (1) から (4) までの会話について，（　　）に入れるのに最も適切なものを **1**，**2**，**3**，**4** の中から一つ選び，その番号のマーク欄をぬりつぶしなさい。

(1)　　　*Man:* Do you like baseball?

　Woman: (　　　　)

　1　I know.　　　　　　**2**　You, too.
　3　Yes, it is.　　　　　**4**　Yes, very much.

(2)　　　*Man:* What do you do on weekends, Beth?

　Woman: (　　　　)

　1　I go to the movies.　　**2**　I know her.
　3　I don't eat meat.　　　**4**　I like the blue one.

(3)　*Girl:* (　　　　) I need his help.

　Boy: He's in his room, Cindy.

　1　Do you like music?　　**2**　Is this his pen?
　3　Where's Dad?　　　　**4**　What time is it?

(4)　*Father:* When is your school's sports day, Kenji?

　　　Boy: (　　　　)

　1　It's in the room.　　　**2**　Next Saturday.
　3　He's studying.　　　　**4**　I have a dog.

(1)	(2)	(3)	(4)
① ② ③ ④	① ② ③ ④	① ② ③ ④	① ② ③ ④

次の (1) から (8) までの会話について，（　　）に入れるのに最も適切なものを **1**，**2**，**3**，**4** の中から一つ選び，その番号のマーク欄をぬりつぶしなさい。

(1)　**Father:** It's ten o'clock. It's time for bed, Mary.

　　Girl: OK, Dad. (　　　)

1　I like green.　　　　　　**2**　Excuse me.

3　Good night.　　　　　　**4**　Have a good day.

(2)　　**Girl:** (　　　) Mom. These flowers are for you.

Mother: Oh, thank you, Karen.

1　Don't run,　　　　　　**2**　Happy birthday,

3　That's all,　　　　　　**4**　It's on the table,

(3)　**Girl:** Thank you for this wonderful picture, Mr. Brown.

Man: (　　　)

1　No, thanks.　　　　　　**2**　Some cameras.

3　Yes, please.　　　　　　**4**　You're welcome.

(4)　**Mother:** Do you know that tall boy, Greg?

　　Boy: Yes, Mom. (　　　)

1　My name is Greg.　　　　**2**　I'm very busy.

3　He's Sally's brother.　　　**4**　You're right.

(1)	(2)	(3)	(4)
① ② ③ ④	① ② ③ ④	① ② ③ ④	① ② ③ ④

ここを見直し！　　　Lesson 14　　Lesson 14　　Lesson 14　　Lesson 15

(5)   **Man:** Do you have any brothers, Amy?

    Woman: (   ) I have a sister.

1 No, I don't.   **2** No, thanks.

3 Yes, let's.   **4** Yes, please.

(6) **Woman:** Do you like sports, Sam?

    Man: Yes. (   )

1 I'm a doctor.   **2** It's cloudy today.

3 I often play baseball.   **4** I'm fine, thank you.

(7) **Father:** Cathy, (   )

    Girl: I want a bicycle, Dad.

1 what time do you go to bed?

2 where are you going?

3 what do you want for your birthday?

4 who is that girl?

(8) **Woman:** Where are you from, Mr. Bell?

    Man: (   )

1 I'm an English teacher.   **2** I'm from Australia.

3 This is my car.   **4** See you later.

(5)	(6)	(7)	(8)
① ② ③ ④	① ② ③ ④	① ② ③ ④	① ② ③ ④
Lesson 15	Lesson 15	Lesson 15	Lesson 15

ことばの並べ方のルールを覚えよう

🎵 16

筆記3では，ことばの並び順が問われます。基本となる英語の語順を確認しましょう。

● **be 動詞**　　　主語　be動詞

基本の文　　**You are　　　hungry.**　あなたはおなかがすいています。

否定文　　**You are not hungry.**　あなたはおなかがすいていません。

疑問文　　**Are you　　　hungry?**　あなたはおなかがすいていますか。

> 疑問文では be 動詞を文の最初に持ってくる

● **一般動詞**　　　主語　　　　動詞

基本の文　　**You　　　watch TV.**　あなたはテレビを見ます。

否定文　　**You don't watch TV.**　あなたはテレビを見ません。

> 否定文では don't（主語が三人称単数の場合は doesn't）を動詞の前に置く

疑問文　　**Do you　　　watch TV?**　あなたはテレビを見ますか。

> 疑問文では Do（主語が三人称単数の場合は Does）を主語の前に置く

● **命令文**

> 「～しなさい」を表す文は，主語なしで動詞の原形で始める
> 「～してはいけません」を表す文は，動詞の原形の前に don't を付ける

Watch TV.　テレビを見なさい。

Don't watch TV.　テレビを見てはいけません。

> 前か後ろに please が付くと「～してください」というニュアンスが加わる

Watch TV, please.

Please watch TV.　テレビを見てください。

> 文頭に Let's が付くと「（いっしょに）～しましょう」という勧誘になる

Let's watch TV.　テレビを見ましょう。

やってみよう！

解答解説 ➡ 別冊 p. 16

次の (1) から (4) までの日本文の意味を表すように①から④までを並べかえて □□□ の中に入れなさい。そして，1 番目と 3 番目にくるものの最も適切な組合せを **1**，**2**，**3**，**4** の中から一つ選び，その番号のマーク欄をぬりつぶしなさい。※ただし，（　　）の中では，文のはじめにくる語も小文字になっています。

(1) その女性は私のお気に入りの歌手です。

（① my　　② singer　　③ is　　④ favorite ）

That woman ┌─1番目─┐┌───┐┌─3番目─┐┌───┐ .

1 ③ - ②　　　**2** ① - ②　　　**3** ③ - ④　　　**4** ① - ④

(2) 私は毎日トムのお姉さんに E メールを書きます。

（① to　　② e-mails　　③ write　　④ Tom's sister ）

I ┌─1番目─┐┌───┐┌─3番目─┐┌───┐ every day.

1 ③ - ①　　　**2** ③ - ②　　　**3** ② - ①　　　**4** ② - ④

(3) どうか今週末に私の誕生日パーティーに来てください。

（① birthday　　② to　　③ my　　④ come ）

Please ┌─1番目─┐┌───┐┌─3番目─┐┌───┐ party this weekend.

1 ① - ②　　　**2** ② - ④　　　**3** ③ - ①　　　**4** ④ - ③

(4) あのレストランで昼食を食べましょう。

（① eat　　② let's　　③ at　　④ lunch ）

┌─1番目─┐┌───┐┌─3番目─┐┌───┐ that restaurant.

1 ① - ③　　　**2** ② - ④　　　**3** ③ - ①　　　**4** ④ - ②

(1)	(2)	(3)	(4)
① ② ③ ④	① ② ③ ④	① ② ③ ④	① ② ③ ④

【筆記3】〈What + 名詞〉・〈Whose + 名詞〉・〈How + 形容詞〉

疑問詞 What, Whose, How は，その後ろのことばと組み合わせて文頭に置くことで，さまざまな疑問文を作ることができます。よく出題されるものを中心に見てみましょう。

● 〈What + ___ ?〉「何の／どんな～？」

Do you like ___ ?

What sport do you like? どんなスポーツが好きですか。

> 「どんな／何の～」と聞くときは〈What + 聞きたいもの〉」を前に出す

What time is it in Hawaii now?
ハワイでは今，何時ですか。

What day of the week is it today?
今日は何曜日（＝１週間のうちの何の日）ですか。

> of the week を省略して What day is it today? とも言える

● 〈Whose + ___ ?〉「だれの～？」

Whose umbrella is this? これはだれのかさですか。

● 〈How + ___ ?〉「どのくらい～？」

How old is your cat?
あなたのネコは何歳（＝どのくらい年をとっている）ですか。

How long is the math test?
数学の試験はどのくらい（長い）ですか。

How tall is your uncle?
あなたのおじさんはどのくらい背が高いですか。

How much is this skirt?
このスカートはいくらですか。

やってみよう！

解答解説 ➡ 別冊 p. 16 〜 17

次の (1) から (4) までの日本文の意味を表すように①から④までを並べかえて[　　　]の中に入れなさい。そして，1 番目と 3 番目にくるものの最も適切な組合せを **1**，**2**，**3**，**4** の中から一つ選び，その番号のマーク欄をぬりつぶしなさい。※ただし，（　　）の中では，文のはじめにくる語も小文字になっています。

(1) 今何時ですか，ジュディ？

（ ① it　　② what　　③ is　　④ time ）

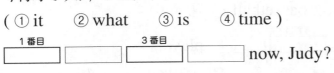

1番目 [　　　] [　　　] 3番目 [　　　] [　　　] now, Judy?

1 ③ - ①　　　**2** ④ - ②　　　**3** ② - ③　　　**4** ① - ④

(2) あの川はどのくらい長いのですか。

（ ① that　　② is　　③ how　　④ long ）

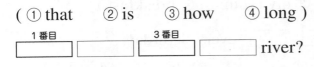

1番目 [　　　] [　　　] 3番目 [　　　] [　　　] river?

1 ③ - ②　　　**2** ① - ③　　　**3** ④ - ②　　　**4** ② - ④

(3) あなたの妹さんは何歳ですか。

（ ① how　　② is　　③ your sister　　④ old ）

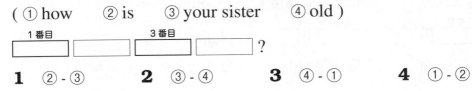

1番目 [　　　] [　　　] 3番目 [　　　] [　　　] ?

1 ② - ③　　　**2** ③ - ④　　　**3** ④ - ①　　　**4** ① - ②

(4) これはだれの教科書ですか。

（ ① this　　② textbook　　③ is　　④ whose ）

1番目 [　　　] [　　　] 3番目 [　　　] [　　　] ?

1 ① - ②　　　**2** ③ - ④　　　**3** ② - ③　　　**4** ④ - ③

(1)	(2)	(3)	(4)
① ② ③ ④	① ② ③ ④	① ② ③ ④	① ② ③ ④

次の (1) から (8) までの日本文の意味を表すように①から④までを並べかえて □□□ の中に入れなさい。そして，1 番目と 3 番目にくるものの最も適切な組合せを **1**，**2**，**3**，**4** の中から一つ選び，その番号のマーク欄をぬりつぶしなさい。※ただし，(　　) の中では，文のはじめにくる語も小文字になっています。

(1) 私はバスケットボールがうまくありません。

(① good　　② a　　③ basketball　　④ not)

I'm ▢1番目▢ ▢▢ ▢3番目▢ ▢▢ player.

1　④ - ①　　**2**　④ - ②　　**3**　① - ③　　**4**　① - ④

(2) 私は毎週土曜日の朝食後に自分の部屋をそうじします。

(① after　　② clean　　③ my room　　④ breakfast)

I ▢1番目▢ ▢▢ ▢3番目▢ ▢▢ every Saturday.

1　② - ④　　**2**　③ - ②　　**3**　③ - ④　　**4**　② - ①

(3) ここで写真をとらないでください。

(① take　　② here　　③ don't　　④ pictures)

▢1番目▢ ▢▢ ▢3番目▢ ▢▢ , please.

1　① - ③　　**2**　③ - ④　　**3**　② - ①　　**4**　④ - ③

(4) 今週末に買い物に行きましょう。

(① let's　　② this　　③ shopping　　④ go)

▢1番目▢ ▢▢ ▢3番目▢ ▢▢ weekend.

1　④ - ②　　**2**　① - ③　　**3**　④ - ①　　**4**　① - ②

(1)	(2)	(3)	(4)
① ② ③ ④	① ② ③ ④	① ② ③ ④	① ② ③ ④

ここを見直し！ ▷　Lesson 16　Lesson 16　Lesson 16　Lesson 16

(5) 今日は何曜日ですか，ケン？

(① of　　② is　　③ day　　④ the week)

What ☐1番目 ☐ ☐3番目 ☐ it today, Ken?

1　①-③　　**2**　②-③　　**3**　③-④　　**4**　④-②

(6) この帽子はいくらですか。

(① much　　② how　　③ this cap　　④ is)

☐1番目 ☐ ☐3番目 ☐ ?

1　②-④　　**2**　①-③　　**3**　④-②　　**4**　③-①

(7) あなたの身長はどのくらいですか，フレッド？

(① you　　② tall　　③ are　　④ how)

☐1番目 ☐ ☐3番目 ☐ , Fred?

1　③-①　　**2**　④-③　　**3**　②-③　　**4**　①-②

(8) これらはだれのペンですか。

(① these　　② are　　③ whose　　④ pens)

☐1番目 ☐ ☐3番目 ☐ ?

1　①-④　　**2**　②-④　　**3**　③-②　　**4**　④-③

(5)	(6)	(7)	(8)
① ② ③ ④	① ② ③ ④	① ② ③ ④	① ② ③ ④
Lesson 17	Lesson 17	Lesson 17	Lesson 17

相手の質問に答えよう

リスニング第1部はＡの発言に対するＢの答えを選ぶ問題です。Ａの発言が疑問文の場合，文のはじめに答え方のヒントがあります。最初の部分に集中して聞きましょう。

● 疑問詞がない質問

Yes か No で答えるのが基本

Does Tom have any pets?
トムはペットを飼っていますか。

> **Yes, he does.** はい，飼っています。
> **No, he doesn't.** いいえ，飼っていません。

Is Maria from Canada?
マリアはカナダ出身ですか。

> **Yes, she is.** はい，そうです。
> **No, she's from Italy.** いいえ，イタリア出身です。

● How ...? 「どうやって…？」〈How + 形容詞 ...?〉「どのくらい…？」

How do you go to school?
あなたはどうやって学校に行きますか。

— **By** bus. バスで。　手段を答える

— **I walk** (to school). （学校へ）歩いて行きます。

How much is this book? — It's **five dollars.**
この本はいくらですか。　　　　　　　　それは5ドルです。　値段を答える

How many CDs do you have? — I have **ten** (CDs).
あなたはCDを何枚持っていますか。　　私は（CDを）10枚持っています。　数を答える

● 〈What + 名詞 ...?〉「何の／どんな…？」

What color is your bag? — It's **red.**　色を答える
あなたのかばんは何色ですか。　　　　それは赤です。

● 〈Which + 名詞 ...?〉「どちらの…？」

Which box can I use?　どちらの箱を使っていいですか。

— **The big one.** ／ **The pink one.**　どちらなのか答える
　大きいほうです。　　　ピンク色のほうです。

よく出題される疑問詞疑問文は Lesson 3(p.18)にまとめてあるので，復習しましょう。

やってみよう！

解答解説 ➡ 別冊 p. 18

イラストを参考にしながら英文と応答を聞き，最も適切な応答を **1**，**2**，**3** の中から一つ選びなさい。※本番では英文は 2 度読まれますが，ここでは 1 度だけ読まれます。　🎵 19

(1)

(2)

(3)

(4)

(1)	(2)	(3)	(4)
① ② ③	① ② ③	① ② ③	① ② ③

相手の発言に返事をしよう②

🎵 20

【リスニング 1】命令・勧誘・依頼・呼びかけへの応答

ここでは，命令や勧誘，依頼などへの自然な応答のしかたを学びましょう。

● 「〜しなさい」，「〜してはいけません」への返事

Clean your room. あなたの部屋をそうじしなさい。

答え方 **All right.** わかりました。

Don't talk now. 今はしゃべってはいけません。

答え方 **I'm sorry.** すみません。

● 〈Let's ＋ 動詞〉「(いっしょに) 〜しましょう」への返事

Let's have lunch. 昼食を食べましょう。

答え方 **(That's a) good idea.** （それは）いい考えですね。

Sure. いいですよ。

● Can I 〜 ?「〜してもいいですか」，Can you 〜 ?「〜してくれますか」への返事

Can I use your pen? あなたのペンを使ってもいいですか。

答え方 **Here you are.** はい，どうぞ。

Sorry, I'm using it now. ごめんなさい，今私がそれを使っています。

Can you open the window? 窓を開けてくれますか。

答え方 **Sure.** いいですよ。／ **All right.** わかりました。

● 呼びかけへの返事

Lunch is ready. 昼食が準備できましたよ。

答え方 **OK, I'm coming.** はい，今行きます。

This is my new bike. これが私の新しい自転車です。

答え方 **Wow! It's nice!** わあ！すてきですね！

筆記　　　リスニング
1　2　3　　1　2　3

文法

単熟語

会話表現

文の組み立て

リスニング

やってみよう！

解答解説 ➡ 別冊 p. 18 〜 19

イラストを参考にしながら英文と応答を聞き，最も適切な応答を **1**，**2**，**3** の中から一つ選びなさい。※本番では英文は 2 度読まれますが，ここでは 1 度だけ読まれます。　🎵 **21**

(1)

(2)

(3)

(4)

(1)	(2)	(3)	(4)
① ② ③	① ② ③	① ② ③	① ② ③

イラストを参考にしながら英文と応答を聞き，最も適切な応答を **1**，**2**，**3** の中から一つ選びなさい。※本番では英文は 2 度読まれますが，ここでは 1 度だけ読まれます。

🎵 22 〜 🎵 30

(1)

(2)

(3)

(4)

(1)	(2)	(3)	(4)
① ② ③	① ② ③	① ② ③	① ② ③

ここを見直し！

| Lesson 19 | Lesson 19 | Lesson 19 | Lesson 19 |

(5)

(6)

(7)

(8)

(5)	(6)	(7)	(8)
① ② ③	① ② ③	① ② ③	① ② ③
Lesson 18	Lesson 18	Lesson 18	Lesson 18

会話の内容を聞き取ろう

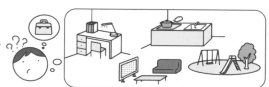

♪ 31

【リスニング 2】Where ～ ？・Whose ～ ？

リスニング第 2 部は，会話を聞き，その内容に関する質問に答える形式の問題です。選択肢をヒントにして，質問を予測しながら会話を聞きましょう。

● **選択肢の異なる部分に注目する**

1 In his room. 彼の部屋に。
2 In the living room. 居間に。
3 In the park. 公園に。
4 In the kitchen. 台所に。

> 異なる部分はすべて場所なので，場所の情報に注意して聞こう

★ : Mom, where is my bag? お母さん，ぼくのかばんはどこ？
☆ : It's in your room. あなたの部屋にあるわよ。

> 会話の中の your は「男の子の」を指しているので選択肢では his になる

Question: **Where** is the boy's bag? 男の子のかばんはどこにありますか。

正解 1

● **名前が出てくる場合は，人物の関係をつかもう**

1 Brian's. ブライアンのもの。
2 Brian's sister's. ブライアンの姉 [妹] のもの。
3 Emma's. エマのもの。
4 Emma's sister's. エマの姉 [妹] のもの。

> Brian と Emma のどちらの sister なのかにも注意

☆ : Is this your bicycle, Brian?
これはあなたの自転車なの，ブライアン？

★ : No, Emma. It's my sister's.
違うよ，エマ。ぼくの姉 [妹] のだよ。

Question: **Whose** bicycle is it? それはだれの自転車ですか。

正解 2

よく出題される疑問詞疑問文は Lesson 3 (p.18) にまとめてあるので，復習しましょう。

やってみよう！

解答解説 ➡ 別冊 p. 21 〜 22

対話と質問を聞き，その答えとして最も適切なものを **1**，**2**，**3**，**4** の中から一つ選びなさい。

※本番では英文は 2 度読まれますが，ここでは 1 度だけ読まれます。

🎵 **32**

(1)　**1**　He likes cats.
　　　2　He likes dogs.
　　　3　He likes monkeys.
　　　4　He likes birds.

(2)　**1**　Every Saturday.
　　　2　Every Sunday.
　　　3　Every Monday.
　　　4　Every Tuesday.

(3)　**1**　At home.
　　　2　At school.
　　　3　At the park.
　　　4　At the pool.

(4)　**1**　Tom's.
　　　2　Nancy's.
　　　3　Tom's mother's.
　　　4　Tom's sister's.

(1)	(2)	(3)	(4)
① ② ③ ④	① ② ③ ④	① ② ③ ④	① ② ③ ④

文法

単熟語

会話表現

文の組み立て

リスニング

数や日付を聞き取ろう

【リスニング2】When 〜？・How long 〜？

選択肢に数字・日付・時間・値段などが並んでいる場合は，会話の中の数字や月の名前に注意して聞きましょう。数字の言い方は直前対策 BOOK p.12〜15 を確認しましょう。

● 似ている音を聞き分けよう

1 On June 13th. 6月13日。
2 On June 30th. 6月30日。
3 On July 13th. 7月13日。
4 On July 30th. 7月30日。

> 月と日付に注意して 13 と 30 を聞き分けよう

★ : I have a tennis game on July thirtieth. When is yours, Mary?
ぼくはテニスの試合が7月30日にあるよ。君のはいつなの，メアリー？

☆ : It's on June thirteenth. 6月13日よ。

Question: **When** is Mary's tennis game?
メアリーのテニスの試合は**いつ**ですか。

> 2回目の放送では，だれのテニスの試合のことを質問されているのかに注意して聞こう

正解 1

● 数字が英語で書かれていても読めるようにしよう

1 For two hours. 2時間。
2 For three hours. 3時間。
3 For four hours. 4時間。
4 For five hours. 5時間。

> 〈for ＋ 時間の長さ〉で「（時間の長さ）の間」の意味

☆ : Do you like rugby, John? あなたはラグビーが好きなの，ジョン？

★ : I love it. I play for three hours every day.
大好きだよ。毎日3時間プレーするよ。

Question: **How long** does John play rugby every day?
ジョンは毎日どれくらい（の間）ラグビーをしますか。

正解 2

やってみよう!

解答解説 ➡ 別冊 p. 22 ～ 23

対話と質問を聞き，その答えとして最も適切なものを **1**，**2**，**3**，**4** の中から一つ選びなさい。

※本番では英文は 2 度読まれますが，ここでは 1 度だけ読まれます。

🎵 34

(1) **1** One.

    2 Two.

    3 Three.

    4 Four.

(2) **1** 13.

    2 14.

    3 15.

    4 16.

(3) **1** September 7th.

    2 September 16th.

    3 October 7th.

    4 October 16th.

(4) **1** At 10:00.

    2 At 10:30.

    3 At 11:00.

    4 At 11:30.

(1)	(2)	(3)	(4)
① ② ③ ④	① ② ③ ④	① ② ③ ④	① ② ③ ④

文法　単熟語　会話表現　文の組み立て　リスニング

対話と質問を聞き，その答えとして最も適切なものを **1**，**2**，**3**，**4** の中から一つ選びなさい。

※本番では英文は 2 度読まれますが，ここでは 1 度だけ読まれます。

(1) **1** Math.
  2 P.E.
  3 Music.
  4 English.

(2) **1** Yuki does.
  2 Billy does.
  3 Yuki's aunt does.
  4 Billy's aunt does.

(3) **1** To the library.
  2 To the park.
  3 To school.
  4 To the movies.

(4) **1** Roy's sister's.
  2 Lisa's sister's.
  3 Roy's brother's.
  4 Lisa's brother's.

(1)	(2)	(3)	(4)
① ② ③ ④	① ② ③ ④	① ② ③ ④	① ② ③ ④

ここを見直し！ ▶ Lesson 20   Lesson 20   Lesson 20   Lesson 20

(5) **1** $9.00.
2 $10.00.
3 $19.00.
4 $29.00.

(6) **1** 155 cm.
2 160 cm.
3 165 cm.
4 170 cm.

(7) **1** It's on June 3rd.
2 It's on June 23rd.
3 It's on July 3rd.
4 It's on July 23rd.

(8) **1** At 6:00.
2 At 6:30.
3 At 7:00.
4 At 7:30.

(5)	(6)	(7)	(8)
① ② ③ ④	① ② ③ ④	① ② ③ ④	① ② ③ ④
Lesson 21	Lesson 21	Lesson 21	Lesson 21

位置や数字を表す文を聞き取ろう

 44

【リスニング3】場所・位置・時刻・数量の表現

リスニング第3部では，放送される3つの英文の異なる部分に注意して聞きます。ここでは，位置や時刻・数字を示す表現の聞き取りを学びましょう。

● 場所・位置の表現

This is a library. これは図書館です。

本は □ にあります。

The book is in the bag. かばんの中に
The book is by the bag. かばんのそばに
The book is on the desk. つくえの上に
The book is under the desk. つくえの下に

● 日付や時刻の表現

It's Monday. 月曜日です。
It's September seventh. 9月7日です。
It's eleven forty-five. 11時45分です。

> 11:00 は eleven o'clock, 11:05 は eleven oh five と読む

● いろいろな数字の表現

Mike is sixty kilograms.
マイクは（体重）60キログラムです。

> 発音の違いに注意

The score is fourteen to forty.
得点は 14対40 です。

> dollars の発音に注意

The shirt is eight dollars.
そのシャツは 8ドルです。

直前対策 BOOK p.12〜15 に数字の言い方が載っています。よく確認しましょう。

やってみよう！

解答解説 ➡ 別冊 p. 25 〜 26

三つの英文を聞き，その中から絵の内容を最もよく表しているものを一つ選びなさい。

※本番では英文は 2 度読まれますが，ここでは 1 度だけ読まれます。

🎵 45

(1)

(2)
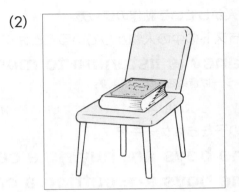

(3)
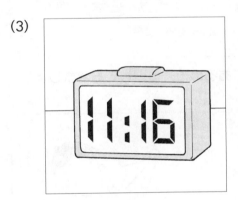

(4)
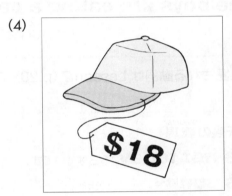

(1)	(2)	(3)	(4)
① ② ③	① ② ③	① ② ③	① ② ③

文法

単熟語

会話表現

文の組み立て

リスニング

🎵 46

【リスニング 3】現在進行形・天候の表現

ここでは，イラストに描かれている人の動作や天候の表し方を確認します。

● 人がしている動作の表し方

イラストの中の人物がしていることは現在進行形〈be 動詞 ＋ 〜 ing〉で表します。

Nancy is listening to music.

ナンシーは音楽を聞いています。

> 元の動詞に -ing が付いていることに気をつけよう

男の子たちはケーキを □ 。

The boys are buying a cake. 買っている
The boys are cutting a cake. 切っている
The boys are eating a cake. 食べている

> t で終わる動詞のtの音の変化に注意しよう

よく出題される動詞は Lesson 7 (p.28) にまとめてあるので，復習しておきましょう。

● 天候の表現

It's hot today. 今日は暑いです。
It's sunny. 晴れています。
It's summer now. 今は夏です。

> 天気や季節について言うときは It's で始まる

● 天候を表す単語を覚えておこう

cloudy くもりの
rainy 雨降りの
snowy 雪の降る
windy 風が強い
warm 暖かい

> warm の発音に注意しよう

cool 涼しい
cold 寒い
spring 春の
summer 夏の
fall 秋の
winter 冬の

やってみよう!

解答解説 ➡ 別冊 p. 26

三つの英文を聞き，その中から絵の内容を最もよく表しているものを一つ選びなさい。

※本番では英文は 2 度読まれますが，ここでは 1 度だけ読まれます。

🎵 47

(1)

(2)

(3)

(4)

(1)	(2)	(3)	(4)
① ② ③	① ② ③	① ② ③	① ② ③

三つの英文を聞き，その中から絵の内容を最もよく表しているものを一つ選びなさい。

※本番では英文は２度読まれますが，ここでは１度だけ読まれます。

🎵 48 ～ 🎵 56

(1)

(2)

(3)

11 月
12 日

(4)

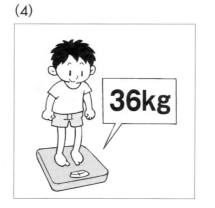

36kg

(1)	(2)	(3)	(4)
① ② ③	① ② ③	① ② ③	① ② ③
Lesson 22	Lesson 22	Lesson 22	Lesson 22

ここを見直し!

(5)

(6)

(7)

(8)

(5)	(6)	(7)	(8)
① ② ③	① ② ③	① ② ③	① ② ③
Lesson 23	Lesson 23	Lesson 23	Lesson 23

合格 LESSON 24 スピーキングテスト対策

🎵 57 ～ 🎵 58

5級のスピーキングテストでは，画面上に英文（パッセージ）とイラストが提示され，英文（パッセージ）の音読と3つの質問への回答が求められます。ここでは，スピーキングテストの形式を確認しましょう。

🕐試験時間　約3分

Jim's Computer

Jim is 12 years old, and he has a computer.　The computer is very old.　Jim wants a new computer.

※上記英文とイラストが受験者に画面上で提示される情報です。質問は画面には表示されません。

Questions

No. 1　Please look at the passage.　How old is Jim?

No. 2　What does Jim want?

No. 3　What subject do you like?

解答と解説

英文の訳

ジムのコンピューター

　ジムは 12 歳で，彼はコンピューターを 1 台持っています。そのコンピューターは，とても古いです。ジムは新しいコンピューターがほしいです。

音読

★ **POINT** タイトルから落ち着いて読もう

　指示に従い，画面上の英文を 20 秒で黙読します。その後に音読します。タイトルからしっかり読みましょう。発音・アクセントに注意して，1 文ずつ丁寧に読むことを心がけます。速く読む必要はありません。最初の文は長いのでカンマの後で一呼吸置きましょう。

No. 1 英文の内容に関する質問①

★ **POINT** 英文前半から答えを探そう

質問の訳　パッセージを見てください。ジムは何歳ですか。

解答例　**He is 12 years old.**

解答例の訳　彼は 12 歳です。

解説　How old ～ ? は「～は何歳ですか」と年齢をたずねる表現。1 つ目の文の前半に Jim is 12 years old とある。答えるときには，主語の Jim を代名詞 He に置き換えて He is 12 years old. としよう。数字の 12 → twelve をしっかり言えるように，ふだんから数字の読み方を練習しておこう。

No. 2 英文の内容に関する質問②

★ **POINT** 英文後半から答えを探そう

質問の訳　ジムは何がほしいですか。

解答例　**He wants a new computer.**

解答例の訳　彼は新しいコンピューターがほしいです。

解説　What does ～ want? は「～は何がほしいですか」という質問。3 つ目の文に Jim wants a new computer. とあるので，ここも主語の Jim を代名詞 He に置き換え，He wants a new computer. としよう。He は三人称単数なので，それに続く動詞 want に s が付いていることに注意して発音しよう。

No. 3 あなた自身に関する質問

★ **POINT** 質問の冒頭をしっかり聞いて答えよう

質問の訳　あなたは何の科目が好きですか。

解答例　**I like English.**

解答例の訳　私は英語が好きです。

3問目はあなた自身に関する質問。質問の最初の部分に注意して，何をたずねられているかをしっかり聞き取るようにしよう。What 〜 do you like? は「あなたは何の〜が好きですか」という質問。ここでは subject「科目」について聞かれているので，〈I like ＋科目名.〉の形で答えよう。自分の好きな科目を英語で何と言うかわからない場合は，自分の好き嫌いに関係なく，自分が英語で言える科目名を答えるようにしよう。この問題であれば，Japanese「国語」，math「数学」，science「科学，理科」，history「歴史」，art「芸術，美術」，P.E.「体育」などでもかまわない。

そっくり模試

⏱ 試験時間　筆記試験：**25**分　リスニングテスト：約**20**分

ここからは英検5級の模擬試験になります。問題形式や問題数は，本番の試験そっくりになっていますので，本番のつもりで制限時間内にやってみましょう。

また，模試はオンラインマークシートで自動採点できる採点・見直し学習アプリ「学びの友」（p.9 参照）に対応していますので，そちらを利用して解くこともできます。

本番前の実力チェックに役立ててください。

手書き解答用紙を利用する
巻末の解答用紙を切り離してお使いください。

「学びの友」を利用する
右の二次元コードからアクセスしてください。

※筆記1〜3，リスニングの自動採点ができます。
※ PC からも利用できます（p.9 参照）。

次の (1) から (15) までの (   ) に入れるのに最も適切なものを **1**，**2**，**3**，**4** の中から一つ選び，その番号のマーク欄をぬりつぶしなさい。

---

(1)　(   ) is the eighth month of the year.

    1 January   **2** March   **3** August   **4** November

(2)　My T-shirt is very (   ). I want a new one.

    1 old   **2** young   **3** tall   **4** fast

(3)　Peter is a doctor and he works at a (   ).

    1 station   **2** post office   **3** hospital   **4** library

(4)　*A:* It's too hot, Meg. Please (   ) the window.
　　B: Sure.

    1 clean   **2** open   **3** speak   **4** meet

(5)　My mother is (   ) lunch in the kitchen.

    1 sitting   **2** making   **3** using   **4** playing

(6)　*A:* How many (   ) do you have this afternoon?
　　B: Two. I have English and math.

    1 students   **2** libraries   **3** rooms   **4** classes

(7)　I often go to the gym and play badminton (   ).

    1 this   **2** that   **3** those   **4** there

(8)　Junko's father goes to work (   ) train every day.

    1 under   **2** at   **3** by   **4** with

(9)　Ted (　　　) up at 7:30 every morning.

    1　has　　　　**2**　gets　　　　**3**　needs　　　　**4**　knows

(10)　*A:* Can you come (　　　) the Christmas party next Friday?
    B: Yes, I can.

    1　from　　　　**2**　back　　　　**3**　under　　　　**4**　to

(11)　*A:* Do you like reading, Jamie?
    B: Yes, I do.　I have a (　　　) of books.

    1　much　　　　**2**　lot　　　　**3**　some　　　　**4**　more

(12)　*A:* Amy, it's (　　　) for bed.
    B: OK.　Good night, Mom.

    1　time　　　　**2**　hour　　　　**3**　day　　　　**4**　week

(13)　*A:* Is this your textbook, Hiroshi?
    B: Yes, it's (　　　).

    1　I　　　　**2**　my　　　　**3**　me　　　　**4**　mine

(14)　*A:* (　　　) does your uncle live?
    B: He lives in Hokkaido.

    1　What　　　　**2**　Which　　　　**3**　Where　　　　**4**　When

(15)　Tom has one sister.　(　　　) is a singer.

    1　It　　　　**2**　She　　　　**3**　That　　　　**4**　They

次の (16) から (20) までの会話について, (　　　) に入れるのに最も適切なものを **1**, **2**, **3**, **4** の中から一つ選び, その番号のマーク欄をぬりつぶしなさい。

---

(16) **Boy:** Lisa, whose notebook is this?

Girl: (　　　)

1 It's Kazuya's.　　　　　　**2** That's very good.

3 I have two.　　　　　　　**4** Yes, I do.

(17) **Girl:** Do you often go shopping with your mother?

Boy: No, but (　　　)

1 she's at the store.　　　　**2** it's for Mom.

3 my sister does.　　　　　**4** I like bananas.

(18) 　**Girl:** Goodbye, Mrs. Brown.

Teacher: See you, Kanako. (　　　)

1 Good idea.　　　　　　　**2** Nice to meet you.

3 You're welcome.　　　　　**4** Have a nice weekend.

(19) 　**Man:** Happy birthday, Yumi! (　　　)

Woman: You're very kind. Thanks.

1 It's sunny today.　　　　　**2** I like beautiful flowers.

3 This present is for you.　　**4** It's Thursday.

(20) **Mother:** Paul, I'm cleaning the living room. (　　　)

　Boy: Sure, Mom.

1 How are you doing?　　　　**2** Can you help me?

3 Do you like books?　　　　**4** Who is in the living room?

3

次の (21) から (25) までの日本文の意味を表すように①から④までを並べかえて □ の中に入れなさい。そして，1番目と3番目にくるものの最も適切な組合せを **1**，**2**，**3**，**4** の中から一つ選び，その番号のマーク欄をぬりつぶしなさい。※ただし，( ) の中では，文のはじめにくる語も小文字になっています。

---

(21) 私の兄は 19 歳です。

(① years ② is ③ old ④ nineteen)

My brother [1番目 □] [□] [3番目 □] [□] .

1 ② - ①   **2** ④ - ③   **3** ① - ②   **4** ③ - ④

---

(22) その試合は2時半から4時までです。

(① to ② two thirty ③ is ④ from)

The game [1番目 □] [□] [3番目 □] [□] four o'clock.

1 ④ - ①   **2** ③ - ④   **3** ③ - ②   **4** ① - ②

---

(23) 毎週月曜日，メアリーは放課後にテニスをします。

(① after ② tennis ③ plays ④ Mary)

[1番目 □] [□] [3番目 □] [□] school every Monday.

1 ④ - ②   **2** ④ - ③   **3** ③ - ④   **4** ③ - ②

---

(24) パリは今何時ですか。

(① is ② in ③ it ④ time)

What [1番目 □] [□] [3番目 □] [□] Paris now?

1 ④ - ①   **2** ① - ③   **3** ① - ④   **4** ④ - ③

---

(25) スミス先生に，先生の家族について聞いてみましょう。

(① Mrs. Smith ② ask ③ let's ④ about)

[1番目 □] [□] [3番目 □] [□] her family.

1 ④ - ③   **2** ③ - ①   **3** ③ - ②   **4** ② - ①

Listening Test

第 1 部  59 ～ 69

例題

No.1

No.2

No.3

No.4

No.5

No.6

No.7

No.8

No.9

No.10

No.11

  1 The red one.
  2 The pink one.
  3 The blue one.
  4 The green one.

No.12

  1 Watching TV.
  2 Playing tennis.
  3 Listening to music.
  4 Writing an e-mail.

No.13

  1 Mary's.
  2 Mr. Brown's.
  3 Junko's.
  4 Mary's brother's.

No.14

  1 Next Monday.
  2 Next Wednesday.
  3 Next Saturday.
  4 Next Sunday.

No.15

  1 $3.
  2 $13.
  3 $30.
  4 $33.

No.16

No.17

No.18

No.19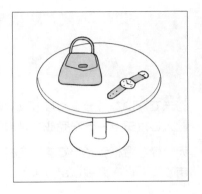

No.20

No.21

No.22

No.23

No.24

No.25

自己診断チャート

巻末で解いた「そっくり模試」の結果について，次のチャートに，自分の問題ごとの正解数を記入し，チャートを完成させましょう。

赤い枠が合格ラインです。合格ラインに届かなかった問題は，レッスンに戻って復習し，本番までに弱点を克服しましょう。

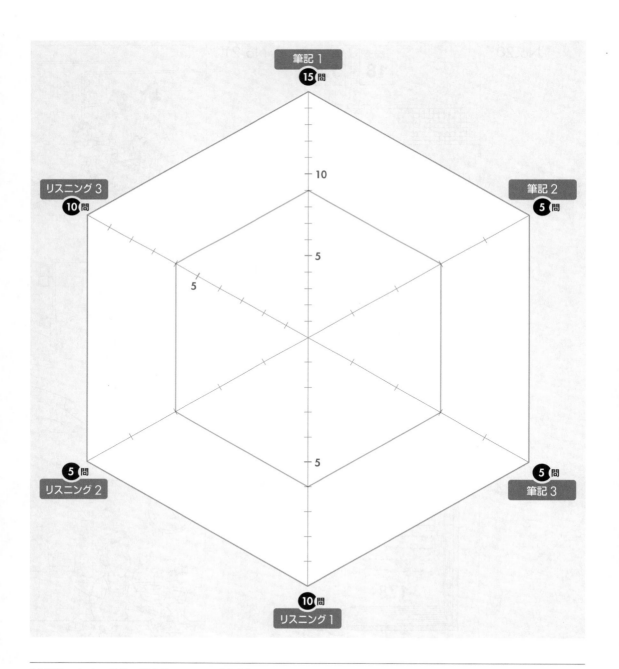

英検では，試験が始まる前に，解答用紙（マークシート）に名前や個人番号を記入します。
試験の前に，下のシートを使って書き方をマスターしておきましょう。

❷ 個人番号
『一次受験票』の「個人番号」7桁をマークします。番号の記入も忘れずに。

以下の注意事項をよく読んでからマークしてください。

◎ **受験地番号・個人番号・生年月日**は上段に数字で記入し，マーク欄を正確にぬりつぶしてください。

◎ **生年月日**は，1ケタの場合は01，06のように頭に0をつけてください。個人番号，生年月日の記入がない場合や不正確な記入は答案が無効になることもあります。

❶ 受験地番号
試験の前に協会から届いている『一次受験票』の「受験地番号」4ケタをマークします。マーク欄の上に番号の記入も忘れずに。

❸ 生年月日
あなたの生まれた日をマークしましょう。
2010年4月25日なら「20100425」と順にマークします。

受験地番号	個 人 番 号	生 年 月 日（西暦）

❹ 氏名
「ひらがな」の欄：「氏」の欄には名字を，「名」の欄には名前をひらがなで書きましょう。
（外国人名の方は「氏」も「名」もアルファベットの大文字で書きましょう）
「漢字」の欄：漢字が書けない場合は書かなくてもよいです。

*外国人名はひらがな欄にアルファベット〈大文字〉で記入

	（氏）	（名）
ひらがな		
漢字	（氏）	（名）

電話番号（下4桁を記入）　　　　年齢　　　歳

❻ 年齢
あなたの年を記入しましょう。

受験会場名

❺ 電話番号
あなたの家の電話番号の下4桁を記入しましょう。

❼ 受験会場名
試験を受ける会場の名前を記入しましょう。会場名は『一次受験票』の「試験会場」の欄に書かれています。

出典：英検ウェブサイト

【注意事項】

① 解答にはHBの黒鉛筆（シャープペンシルも可）を使用し，解答を訂正する場合には消しゴムで完全に消してください。

② 解答用紙は絶対に汚したり折り曲げたり，所定以外のところへの記入はしないでください。

③ マーク例

良い例	悪い例
●	⊙ ⊗ ◓

◖ これ以下の濃さのマークは読めません。

解 答 欄

問題番号	1	2	3	4
(1)	①	②	③	④
(2)	①	②	③	④
(3)	①	②	③	④
(4)	①	②	③	④
(5)	①	②	③	④
(6)	①	②	③	④
(7)	①	②	③	④
(8)	①	②	③	④
(9)	①	②	③	④
(10)	①	②	③	④
(11)	①	②	③	④
(12)	①	②	③	④
(13)	①	②	③	④
(14)	①	②	③	④
(15)	①	②	③	④

（問題番号1）

解 答 欄

問題番号	1	2	3	4
(16)	①	②	③	④
(17)	①	②	③	④
(18)	①	②	③	④
(19)	①	②	③	④
(20)	①	②	③	④
(21)	①	②	③	④
(22)	①	②	③	④
(23)	①	②	③	④
(24)	①	②	③	④
(25)	①	②	③	④

（問題番号2は(16)〜(20)，3は(21)〜(25)）

リスニング解答欄

問題番号	1	2	3	4
例題	①	②	●	
No.1	①	②	③	
No.2	①	②	③	
No.3	①	②	③	
No.4	①	②	③	
No.5	①	②	③	
No.6	①	②	③	
No.7	①	②	③	
No.8	①	②	③	
No.9	①	②	③	
No.10	①	②	③	
No.11	①	②	③	④
No.12	①	②	③	④
No.13	①	②	③	④
No.14	①	②	③	④
No.15	①	②	③	④
No.16	①	②	③	
No.17	①	②	③	
No.18	①	②	③	
No.19	①	②	③	
No.20	①	②	③	
No.21	①	②	③	
No.22	①	②	③	
No.23	①	②	③	
No.24	①	②	③	
No.25	①	②	③	

（第1部：例題〜No.10，第2部：No.11〜No.15，第3部：No.16〜No.25）

※実際の解答用紙に似せていますが，デザイン・サイズは異なります。

中学生のための

文部科学省後援

英検®5級

合格レッスン

[改訂版]

解答と解説

英検®は、公益財団法人 日本英語検定協会の登録商標です。　　旺文社

解答解説　もくじ

1 やってみよう！

(1) 解答 **2**

「私はあれらの背の高い男の人たちを知っています。彼らはバレーボールの選手**です**」

解説 空所の前が They「彼らは」, 後ろが volleyball players「バレーボールの選手」なので, 空所には be 動詞が入る。主語が複数を表す語の場合に使う be 動詞は **2** の are。men は man「男性」の複数形で, tall は「背の高い」という意味。

(2) 解答 **2**

「ピーターは公園でテニスを**しています**」

解説 選択肢はすべて be 動詞。主語が Peter なので, 空所には **2** の is が入る。後ろには動詞の ing 形が続いているので, 「～しています」という意味になる。play tennis は「テニスをする」, in the park は「公園で」という意味。

(3) 解答 **4**

「マイクとキースはクラスメート**です**。彼らはよく図書館でいっしょに勉強します」

解説 空所の前に Mike and Keith があり, 後ろは classmates「クラスメート」なので, be 動詞が入る。主語は 2 人なので, 複数の人に使う **4** の are が正解。often は「よく」, study together は「いっしょに勉強する」, in the library は「図書館で」という意味。

(4) 解答 **3**

「アヤにはアメリカ人の友だちがいます。彼女はよく週末に彼ら [彼女たち] **に会います**」

解説 2つ目の文の She「彼女は」は, 1つ目の文の Aya のこと。She は三人称単数なので, 「～に会う」を表す meet に s を付けた **3** の meets が正解。空所の後ろの them は 1つ目の文の American friends「（アヤの）アメリカ人の友だち」をさしている。on weekends は「週末に」という意味。

(5) 解答 **1**

「私の兄 [弟] たちは今, 食器**を洗っています**」

解説 空所の前が are で後ろが the dishes「食器」なので, 「～している」という現在進行形となるものを選ぶ。適切なのは wash「～を洗う」の ing 形である **1** の washing。are washing で「～を洗っている」となる。wash the dishes で「食器を洗う」という意味。

 2 やってみよう！

(1) 解答 **2**

A:「あなたはテニスをしますか」
B:「いいえ, 私は**しません**。でも私は野球をします」

解説 Do you ～ ?「あなたは～しますか」と聞かれているので, 空所には do not を短くした形の don't を入れて No, I don't. とするのが適切。play tennis は「テニスをする」, play baseball は「野球をする」という意味。また, but は「でも, しかし」と, 前に言ったことと逆の内容のことを続けるときに使う。

(2) 解答 **4**

「私は納豆がとても好きですが, 私の兄 [弟] は好き**ではありません**」

解説 選択肢には否定を表す not の付いた語が並んでいる。三人称単数の主語 my brother に続く語は **4** の doesn't。ここでの doesn't は doesn't like natto「納豆が好きではありません」を表している。

(3) 解答 **2**

A:「あなたのお父さんはパイロット**ですか**」
B:「はい。彼は今日シンガポールにいます」

解説 空所のある文には動詞がないので, そこには be 動詞が入る。主語が三人称単数の your father なので, **2** の Is を入れるのが適切。B の 2つ目の発言中の is は in Singapore「シンガポールに」のように場所を表すことばを続けると, 「いる」という意味になる。

(4) 解答 **3**

A:「ジョンはよく家で料理します**か**」
B:「いいえ，でも彼は食器を洗います」

解説 Aの発言の文末には？があるので，疑問文だとわかる。主語はJohnで後ろに一般動詞のcook「料理する」があるので，疑問文の最初の語は**3**のDoes。

(5) 解答 **4**

A:「あなたはシンディのおばさん**ですか**，テイラーさん？」
B:「はい，そうです」

解説 Aの発言の文末には？があるので，疑問文だとわかる。空所の後には動詞がないのでbe動詞が入るとわかる。主語がyouなので正解は**4**のAre。Aの質問に対し，BのテイラーさんがYes, I am. と答えているのもヒントになる。auntは「おば」という意味。Ms. は女性の姓［姓名］の前に付き，結婚している人にもしていない人にも使う。

問題 ➡ 本冊 p.19

合格 LESSON **3** やってみよう！

(1) 解答 **4**

A:「デビッドは**どこ**にいますか」
B:「彼は今，学校にいます」

解説 Aの質問にBはHe's at school now. 「彼は今，学校にいます」と答えているので，正解は場所をたずねる疑問詞Where。**1** When「いつ」，**2** How「どうやって」，**3** What「何」。

(2) 解答 **3**

A:「あなたは**いつ**クッキーを作るのですか，ポール？」
B:「週末です」

解説 make cookiesは「クッキーを作る」という意味。BはAの質問にOn weekends. 「週末に」と時を答えているので，空所には「いつ」を意味する**3**のWhenが入る。**1** What「何」，**2** Who「だれ」，**4** Where「どこ」。

(3) 解答 **4**

A:「向こうにいるあの男の子は**だれ**ですか，カレン？」
B:「彼は私の兄［弟］です」

解説 Aの質問にBは「私の兄［弟］です」と人について答えているので，正解は「だれ」を表す**4**のWho。**1** Whose「だれのもの」，**2** How「どうやって」，**3** What「何」。over thereは「向こうの」という意味。

(4) 解答 **2**

A:「わあ，この赤い自転車はとてもすてきですね。**だれの**ですか」
B:「それは私の姉［妹］のものです」

解説 Aの質問に対し，Bは「私の姉［妹］のものです」と答えているので，正解は「だれのもの」という意味の**2** Whose。文末のitはその前の文に出てくるthis red bike「この赤い自転車」をさしている。very niceは「とてもすてきだ」という意味。**1** Who「だれ」，**3** Which「どちら」，**4** What「何」。

(5) 解答 **1**

A:「**どうやって**図書館へ行くのですか，ビル？」
B:「自転車でです」

解説 BはAの質問にBy bike. 「自転車で」と交通手段を答えているので，正解は「どうやって」を表す**1**のHow。go to the libraryは「図書館へ行く」という意味。**2** Where「どこ」，**3** When「いつ」，**4** Which「どちら」。

問題 ➡ 本冊 p.21

合格 LESSON **4** やってみよう！

(1) 解答 **4**

「マイクとぼくはよい友だちです。**ぼくたちは**毎年夏にキャンプに行きます」

解説 正しい主語を選ぶ問題。1つ目の文がMike and I are good friends. 「マイクとぼくはよい友だちです」なので，Mike and Iを言い換えた「ぼくたちは」を表す**4**のWeが適

切。go camping は「キャンプに行く」という意味。**1** He「彼_{かれ}は」，**2** She「彼_{かのじょ}女は」，**3** You「あなた（たち）は」。

(2) 解答 3

「ナオミとユミは姉妹です。**彼_{かのじょ}女たちの家は駅の近くにあります**」

解説 選択肢_{せんたくし}には「〜の」を表す代名詞_{だいめいし}が並_{なら}んでいる。1つ目の文に Naomi and Yumi are sisters. とあるので，空所には「彼_{かのじょ}女たちの」を表す **3** の Their を入れて，Their house「彼_{かのじょ}女たちの家」とするのが適切。near the station は「駅の近くに」という意味。**1** Her「彼_{かのじょ}女の」，**2** Our「私_{わたし}たちの」，**4** Your「あなた（たち）の」。

(3) 解答 2

「ジュンは親切な男_{かれ}の子です。みんな**彼を好き**です」

解説 空所の文は Everyone likes「みんな〜を好きだ」なので，空所には「〜を」を表す代名詞_{だいめいし}が入る。1つ目の文で Jun という男の子の説明をしているので，空所には「彼_{かれ}（＝ジュン）を」を意味する **2** の him を入れるのが適切。**1** her「彼_{かのじょ}女を」，**3** them「彼_{かれ}ら［彼_{かのじょ}女たち，それら］を」，**4** it「それを」。

(4) 解答 4

A:「この辞書はあなたのものですか」
B:「いいえ。それは**私_{わたし}のもの**ではありません。それは私の姉［妹］のものです」

解説 A の質問に対し，B はまず「いいえ」と答え，最後に「それは姉［妹］のものです」と説明しているので，2つ目の文は「それは私のものではありません」とするのが適切。「私_{わたし}のもの」という意味の **4** mine が正解。dictionary は「辞書」という意味。**1** yours「あなた（たち）のもの」，**2** hers「彼_{かのじょ}女のもの」，**3** his「彼_{かれ}のもの」。

(5) 解答 1

「あの女_{じょせい}性はスミス先生です。**彼_{かのじょ}女は**私_{わたし}たちの

英語の先生です」

解説 1つ目の文で That woman「あの女性」はスミス先生だと言っているので，次の文の主_{かのじょ}語は「彼女は」を表す **1** の She になる。**2** He「彼_{かれ}は」，**3** It「それは」，**4** They「彼_{かれ}ら［彼_{かのじょ}女たち，それら］は」。

問題 ➡ 本冊_{ほんさつ} p.22 〜 23

合格 LESSON
1〜4 チェックテスト

(1) 解答 3

A:「あなたは中学生ですか」
B:「はい，そうです」

解説 A に Are you 〜 ?「あなたは〜ですか」と質問_{しつもん}されているので，空所には be 動詞_{どうし}が入る。I に続く be 動詞_{どうし}は **3** の am。a junior high school student は「中学生」という意味。

(2) 解答 3

「アンディは今，音楽室でドラム**を演奏_{えんそう}しています**」

解説 選択肢_{せんたくし}には play のいろいろな形_{なら}が並んでいる。空所の前に is，後ろには the drums があるので，ドラムを「演奏_{えんそう}している」と今している，今していることを表す現在進行形の文にするのが適_{てき}切。play の ing 形_{けい}である **3** の playing が正_{せい}解。in the music room は「音楽室で」という意味。

(3) 解答 1

「私_{わたし}の母は料理することが好きですが，私_{わたし}は**好きではありません**」

解説 正しい否定_{ひてい}の形を選ぶ問題。I に続く表_{ひょう}現で適切_{てきせつ}なものは **1** の don't。この I don't は I don't like cooking.「私_{わたし}は料理することが好きではありません」ということ。前半の「母は料理することが好きです」と述べているのを受けて，but の後ろに逆_{ぎゃく}の内容_{ないよう}を続けている。

(4) 解答 4

A:「あなたのおじさんはロンドンに住んでいますか，ユウコ？」

B:「はい。彼はそこの銀行で働いています」

解説 uncle は「おじ」, live in London は「ロンドンに住んでいる」という意味。A は B（ユウコ）のおじさんについて聞いている。主語が your uncle「あなたのおじさん」と三人称単数で，一般動詞の疑問文なので，正解は **4** の Does。bank は「銀行」という意味。B の発言の最後の there「そこで」は「ロンドンで」ということ。

(5) 解答 **1**

A:「あなたは**どこの**出身ですか，ベルさん？」
B:「私はカナダ出身です」

解説 ここの from は「～出身で」という意味。A の質問に対し，B は「カナダ出身です」と場所を答えているので，空所には場所をたずねる疑問詞「どこ」を表す **1** の Where が入る。**2** How「どうやって」，**3** Which「どちら」，**4** When「いつ」。

(6) 解答 **3**

A:「あなたのお姉さん［妹さん］はふつう，いつピアノを練習するのですか」
B:「放課後です」

解説 B は A の質問に After school.「放課後（に）です」と答えているので，空所には時をたずねる **3** の When「いつ」が入る。usually は「ふつう，いつもは」，practice the piano は「ピアノを練習する」という意味。**1** How「どうやって」，**2** What「何」，**4** Where「どこに」。

(7) 解答 **3**

「あれらの男の子たちはぼくのクラスメートです。ぼくはよく**彼ら**といっしょに野球をします」

解説 正しい代名詞を選ぶ問題。with は「～といっしょに」という意味で，空所には 1 つ目の文に出てきた Those boys をさす **3** の them を入れるのが適切。classmate(s) は「クラスメート」，often は「よく，頻繁に」という意味。**1** him「彼を」，**2** you「あなた（たち）を」，**4** us「私たちを」。

(8) 解答 **3**

A:「これはメイのかばんですか，ディック？」
B:「はい，それは**彼女のもの**です」

解説 A は，これは May's bag「メイのかばん」かと聞き，B のディックは「はい」と答えたうえで it's「それは～です」と続けているので，空所には「彼女のもの」を表す **3** の hers が入る。**1** she「彼女は」，**2** her「彼女の，彼女を」，**4** their「彼ら［彼女たち，それら］の」。

問題 ➡ 本冊 p.25

合格 LESSON 5 やってみよう！

(1) 解答 **2**

A:「あなたはピアノを弾きますか，キャシー？」
B:「はい。私は**音楽**がとても好きなんです」

解説 A から「ピアノを弾きますか」とたずねられた B は，「はい」と答え，I like ～ very much.「私は～がとても好きです」と続けている。この流れに合うのは **2** の music「音楽」。**1** sports「スポーツ」，**3** animals「動物」，**4** food「食べ物」。

(2) 解答 **3**

A:「あなたはふつう，どこで**昼食**を食べますか」
B:「私は学校のカフェテリアで食べます」

解説 A の Where「どこで」で始まる質問に，B は I eat at the school cafeteria.「学校のカフェテリアで食べます」と答えている。ここから A の質問中の have は「食べる」の意味で使われていると考えられる。選択肢で「食べる」につながる語は **3** の lunch「昼食」のみ。**1** homework「宿題」，**2** time「時間」，**4** lesson「授業」。

(3) 解答 **3**

A:「すべてのあなたのおもちゃをこれらの**箱**に入れてちょうだい」
B:「わかったよ，お母さん」

解説 Please ～ . は「～してください」という

5

意味の命令文。put all your toys in ～「すべてのあなたのおもちゃを～に入れる」ようにと言っているので，these「これらの」に続く適切な語は box「箱」の複数形 boxes。**1** notebooks「ノート」，**2** pens「ペン」，**4** dishes「皿」（dish の複数形）。

(4) 解答 **4**

「ティナは毎月，祖母に**手紙**を書きます」

解説 write「～を書く」に続く適切な語は，**4** の letter「手紙」。write a letter「手紙を書く」としてまとめて覚えておこう。every month は「毎月」という意味。**1** picture「絵，写真」，**2** test「テスト」，**3** ticket「切符，チケット」。

(5) 解答 **1**

「私の父は毎晩夕食後に新聞を読みます」

解説 read the newspaper は「新聞を読む」という意味。after dinner「夕食後に」が文末にあるので，every の後ろに入るのは **1** の night「晩，夜」が適切。every night「毎晩」としてまとめて覚えておこう。**2** morning「朝」，**3** hour「時間」，**4** table「テーブル」。

問題 ➡ **本冊** p.27

LESSON 6 やってみよう！

(1) 解答 **2**

A：「こんにちは。ぼくの**名前**はニックです」
B：「こんにちは，ニック。私はベスです」

解説 初めて会ったときの会話。A と B はあいさつの後に自分の名前を名乗っているので，正解は **2** の name「名前」。**1** subject「科目」，**3** year「年」，**4** home「家庭」。

(2) 解答 **2**

「授業を始めましょう。**教科書**の 18 ページを開きなさい」

解説 授業の始まりの場面。start the class は「授業を始める」という意味。Open your ～「あなたたちの～を開く」ようにと言っているので，空所には **2** の textbooks「教科書」が入る。

to page 18 は「18 ページを」という意味。**1** lessons「レッスン，授業」，**3** teachers「先生」，**4** classrooms「教室」。

(3) 解答 **2**

A：「あなたはよく**公園**へ行きますか」
B：「はい。私はそこでテニスをします」

解説 選択肢には施設名が並んでいる。A から often go to ～「よく～へ行く」かと聞かれた B は，「はい」と答え，I play tennis there.「私はそこでテニスをします」と続けている。テニスをする場所として適切なのは，**2** の park「公園」。**1** restaurant「レストラン」，**3** bookstore「書店」，**4** hospital「病院」。

(4) 解答 **1**

「私の姉［妹］と私は**動物**が好きです。私たちはときどき動物園へ行きます」

解説 2 つ目の文に「私たちはときどき動物園へ行きます」とあるので，1 つ目の文の like「～が好きだ」に続けるのに適切なのは，**1** の animals「動物」。like の後ろに続く名詞は複数形にする。sometimes は「ときどき」という意味。**2** flowers「花」，**3** music「音楽」，**4** movies「映画」。

(5) 解答 **4**

「私たちは市の野球**チーム**に入っています」

解説 be 動詞の後の on に注目しよう。〈be 動詞 ＋ on ～ team〉で「～のチームに入っている」という意味。正解は **4** の team「チーム」。「～のクラブに所属している」という場合は〈be 動詞 ＋ in ～ club〉で表す。**1** player「選手」，**2** racket「ラケット」，**3** friend「友だち」。

問題 ➡ **本冊** p.29

LESSON 7 やってみよう！

(1) 解答 **3**

「私はあの男の人**を知っています**。彼は歌手です」

解説 空所の後ろの that man「あの男の人」に

つながる動詞を選ぶ問題。選択肢の中で適切なのは**3**の know「〜を知っている」。「彼は歌手です」と説明する2つ目の文にも自然につながる。**1** walk「歩く」，**2** start「〜を始める」，**4** clean「〜をそうじする」。

(2) 解答 1

「私は毎週日曜日に昼食**を料理します**。私はよくカレーを作ります」

解説 空所の後ろの lunch「昼食」につながる動詞を選ぶ問題。選択肢の中で適切なのは**1**の cook「〜を料理する」。2つ目の文は，1つ目の文の具体的な説明になっている。**2** write「〜を書く」，**3** see「〜が見える，〜に会う」，**4** go「行く」。

(3) 解答 4

「こちらはヘンリーです。彼は英語とフランス語**を話します**」

解説 人を紹介している場面。English and French「英語とフランス語」という言語名の前に入れるのに適切なのは**4**の speaks「〜を話す」。主語が三人称単数の He なので speak に s が付いていることに注意しよう。**1** sings「〜を歌う」，**2** starts「〜を始める」，**3** eats「〜を食べる」。

(4) 解答 2

「放課後にサッカー**をしましょう**」

解説 Let's 〜 . は「〜しましょう」と人を誘う表現。空所の後ろに soccer「サッカー」があるので，**2**の play を選び，play soccer「サッカーをする」とするのが適切。after school は「放課後に」という意味。**1** go「行く」，**3** walk「歩く」，**4** make「〜を作る」。

(5) 解答 2

A:「クリス，私は窓を開けることができないの。**手伝ってちょうだい**」

B:「わかったよ，スーザン」

解説 A の Please 〜 . は「〜してください」と頼む文。文末に me「私を」があり，最初の発言で I can't open the window と言っていることから，スーザンがクリスに「私を手伝って」と頼んでいると考えられる。**2**の help「〜を手伝う，助ける」が正解。**1** get「〜を得る」，**3** take「〜を（手に）取る」，**4** live「住む」。

問題 ➡ 本冊 p.31

合格
LESSON
8 やってみよう！

(1) 解答 1

A:「お母さん，雪が降っているよ！」

B:「ええ，とても**寒い**わ。窓を閉めてちょうだい」

解説 A に it's snowing「雪が降っている」と言われた B（母）は，Yes「ええ」と答えた後，it's very 〜 と続けている。この流れから，空所には**1**の cold「寒い」を入れるのが適切。このように，天候を表す文の主語には it を使う。**2** sweet「あまい」，**3** easy「簡単な」，**4** young「若い」。

(2) 解答 3

A:「あなたのお気に入りの動物は何ですか，リナ？」

B:「私はネコが好きです。それらはとても**かわいらしい**んです」

解説 favorite animal「お気に入りの動物」を A に聞かれ，B は cats「ネコ」が好きだと答えている。続く文の主語 They は cats「ネコ」のこと。空所に**3**の pretty「かわいらしい」を入れると，ネコだと答えた理由を表す文としてうまくつながる。**1** long「長い」，**2** old「古い，年をとった」，**4** slow「遅い」。

(3) 解答 2

「このシャツは私には大きすぎます。私は**小さい**のがほしいです」

解説 「このシャツは大きすぎる」という文の後ろに I want a 〜 one.「私は〜なものがほしい」が続いているので，big の反対語である**2**の small「小さい」を入れるのが適切。この文の one は shirt のことで，同じ語の繰り返しを

さけるために使われている。**1** tall「背の高い」，**3** fast「速い」，**4** happy「幸せな，うれしい」。

(4) 解答 **3**

「空を見て。星が美しいです」

解説 Look at the sky. は「空を見なさい」という意味の命令文。続く The stars are 〜 .「星が〜だ」の空所に入る適切な語は，**3** の beautiful「美しい」。**1** cloudy「くもりの」，**2** hungry「空腹の」，**4** long「長い」。

(5) 解答 **4**

A:「あなたはこの音楽が好きですか」
B:「はい，それは**すばらしい**です！」

解説 A から「この音楽が好きですか」と聞かれた B は，「はい」と答えた後，it's 〜「それは〜です」と続けている。選択肢の中で，好きな音楽を説明するのに適切なのは，**4** の great「すばらしい」のみ。**1** hungry「空腹の」，**2** young「若い」，**3** warm「暖かい」。

問題 ➡ 本冊 p.33

合格 LESSON 9 やってみよう！

(1) 解答 **4**

「ポールはバスで図書館へ行きます」

解説 go to the library は「図書館へ行く」という意味。空所の後ろに bus「バス」があるので，交通手段を表す **4** の by を選び，by bus「バスで」とするのが適切。**1** to「〜へ」，**2** for「〜のために」，**3** on「〜の上に」。

(2) 解答 **3**

「私はよくケビン**といっしょに**映画を見に行きます」

解説 go to the movies は「映画を見に行く」という意味。Kevin の前には「〜といっしょに」という意味を表す **3** の with を入れるのが適切。**1** to「〜へ」，**2** by「〜で」，**4** from「〜から」。

(3) 解答 **1**

A:「ナンシー，あなたの帽子はとてもすてきですね」
B:「ありがとうございます。私の姉［妹］**から**の誕生日プレゼントなんです」

解説 A から帽子をほめられた B がお礼を言っている場面。B はお礼を述べた後，それが birthday present「誕生日プレゼント」だと説明している。my sister「私の姉［妹］」の前に「〜からの」を表す **1** の from を置くと，プレゼントをくれた人を表すことができる。**2** to「〜へ」，**3** of「〜の」，**4** with「〜といっしょに」。

(4) 解答 **2**

「私は朝食**の前に**新聞を読みます」

解説 read a newspaper は「新聞を読む」という意味。breakfast「朝食」の前の空所には，時を表す **2** の before「〜の前に」を入れるのが適切。**1** under「〜の下に」，**3** near「〜の近くに」，**4** in「〜の中に」。

(5) 解答 **2**

「ユキはとても**上手に**英語を話せます」

解説 can は「〜することができる」，speak English は「英語を話す」という意味である。very「とても」の後ろには「上手に，うまく」を表す **2** の well が入る。**1** large「大きい」，**3** right「正しい」，**4** tall「背の高い」。

問題 ➡ 本冊 p.34 〜 35

合格 LESSON 5〜9 チェックテスト

(1) 解答 **2**

「私の姉［妹］は今，**台所**にいます。彼女は夕食を料理しています」

解説 1 つ目の文の My sister is in 〜は「私の姉［妹］は〜にいる」という意味。2 つ目の文で She is cooking dinner.「彼女（＝私の姉［妹］）は夕食を料理しています」と説明しているので，料理する場所として適切な **2** の kitchen「台所」が正解。**1** pool「プール」，**3** bedroom「寝室」，**4** bathroom「浴室，トイレ」。

(2) 解答 **4**

A:「ジュースはいかがですか」

B:「いいえ，けっこうです。冷たい**水**だけください」

解説 AからジュースをすすめられたBは No, thank you.「いいえ，けっこうです」と答えてから Just cold ～, please.「冷たい～だけください」と言っている。選択肢の中でジュースに代わるものは **4** の water だけなので，これが正解。**1** week「週」，**2** sugar「砂糖」，**3** desk「つくえ」。

(3) 解答 **3**

「この公園は美しいです。多くの**人々**がここに来ます」

解説 2つ目の文の here「ここ（に）」は，1つ目の文の This park をさしている。2つ目の文は「多くの～がここ（＝公園）に来ます」となるので，空所には **3** の people「人々」を入れるのが適切。**1** houses「家」，**2** sports「スポーツ」，**4** countries「国」（country の複数形）。

(4) 解答 **2**

「**動物園**へ行って，そこで動物の写真をとりましょう」

解説 Let's go to ～. は「～へ行きましょう」という意味。and の後ろに take pictures of the animals there「そこで動物の写真をとる」とあり，それを行うのに適切な場所は **2** の zoo「動物園」だとわかる。**1** pool「プール」，**3** library「図書館」，**4** station「駅」。

(5) 解答 **3**

「私はふつう，姉［妹］といっしょに学校へ**歩いて行きます**」

解説 to school「学校へ」につながる動詞を選ぶ問題。選択肢に並ぶ動詞の中で空所に入れるのに適切なのは **3** の walk「歩く，歩いて行く」。usually は「ふつう，いつもは」，with は「～といっしょに」という意味。**1** listen「聞く」，**2** wash「～を洗う」，**4** drink「～を飲む」。

(6) 解答 **2**

「私はよく父のコンピューター**を使います**」

解説 空所の後ろに my father's computer「私の父のコンピューター」があるので，空所に入れるのに適切な動詞は **2** の use「～を使う」。**1** know「～を知っている」，**3** jump「跳ぶ」，**4** cook「～を料理する」。

(7) 解答 **4**

「私はとても**眠い**です。おやすみなさい，お母さんとお父さん」

解説 2つ目の文から，寝る前に両親に話しかけている場面だとわかる。I'm very ～.「私はとても～だ」の空所には **4** の sleepy「眠い」を入れるのが適切。**1** kind「親切な」，**2** fine「すばらしい，晴れた」，**3** hungry「空腹の」。

(8) 解答 **2**

「今日は数学の宿題がたくさんあります。でもそれはぼくにとって**簡単**です」

解説 2つ目の文の主語 it は1つ目の文の math homework「数学の宿題」をさしている。これを説明するのに適切な選択肢は，**2** の easy「簡単な」である。**1** high「高い」，**3** sunny「晴れの」，**4** cute「かわいい」。

(9) 解答 **1**

「このバスは京都から広島**へ**行きます」

解説 This bus goes は「このバスは行きます」という意味。その後ろに from Kyoto「京都から」があり，空所をはさんで Hiroshima「広島」があるので，空所には目的地を示す **1** の to「～へ」を入れるのが適切。from A to B で「A から B へ」という意味になる。**2** with「～といっしょに」，**3** off「～から離れて」，**4** in「～の中に」。

(10) 解答 **3**

A:「あなたは科学の本を持っていますか，ジョー？」

B:「はい。ぼくは 10 **冊くらい**持っています」

解説 Aから science books「科学の本」を

持っているかと聞かれた B は Yes. と答えた後，I have 〜 10.「〜 10 冊持っています」と言っているので，空所に入るのは「約〜，〜くらい」という意味を表す **3** の about。**1** up「上へ」，**2** in「〜の中に」，**4** down「下へ」。

問題 ➡ 本冊 p.37

やってみよう！

(1) 解答 **1**

「今年の夏にキャンプをしに**行きましょう**，みなさん！」

解説 空所の後ろに camping があることに注目。選択肢の中でこの camping につながるのは **1** の go。go camping で「キャンプをしに行く」という意味の表現になる。**2** open「開く」，**3** walk「歩く」，**4** meet「会う」。

(2) 解答 **4**

「私はふつう朝 6 時に**起きます**」

解説 at six in the morning は「朝 6 時に」という意味。選択肢の中で空所の後ろの up に結びつくのは **4** の get で，get up で「起きる」という意味になる。「寝る」は go to bed。セットで覚えておこう。**1** see「〜を見る」，**2** make「〜を作る」，**3** live「住む」。

(3) 解答 **3**

「あなたはここでシャワー**を浴びる**ことができます」

解説 空所の後ろの a shower につながるのは **3** の take。take a shower で「シャワーを浴びる」という意味の表現になる。**1** know「〜を知っている」，**2** play「（スポーツなど）をする，（楽器）を演奏する」，**4** come「来る」。

(4) 解答 **3**

「私の兄［弟］と姉［妹］は今アメリカに**住んでいます**」

解説 空所の後ろの in America「アメリカに」と自然につながる動詞は「住む」の意味を持つ **3** の live である。live in 〜「〜に住む」とひと

続きの表現として覚えておこう。**1** watch「〜を見る」，**2** fly「飛ぶ」，**4** put「〜を置く」。

(5) 解答 **1**

A：「これらのネコを**見て**！」
B：「まあ，とてもかわいいですね！」

解説 A が these cats「これらのネコ」について言ったことに対し，B が they're very cute「それら（＝ these cats）はとてもかわいい」と答えている。空所の後ろに at があることに注目しよう。look at「〜を見る」という表現にするのが適切で，**1** が正解。**2** Sing「歌う」，**3** Eat「食べる」，**4** Make「〜を作る」。

問題 ➡ 本冊 p.39

LESSON 11 やってみよう！

(1) 解答 **3**

A：「1 杯のコーヒーはいかがですか，マーク？」
B：「はい，お願いします」

解説 Do you want 〜？は「〜はいかがですか」と人にものをすすめる表現。空所の前後が a 〜 of coffee なので，空所に cup を入れると「カップ 1 杯のコーヒー」という意味になり，適切な流れになる。**3** が正解。**1** dish「皿」，**2** plate「（浅い）皿」，**4** fork「フォーク」。

(2) 解答 **3**

A：「ジェーン，あなたは**たくさん**の DVD を持っていますね」
B：「ええ。私はよく自分の部屋で映画を見ます」

解説 A は B の持っている DVD について何か言い，B は「よく自分の部屋で映画を見る」と答えている。空所には **3** の lot を入れ，a lot of「たくさんの〜」という意味の表現にするのが適切。**1** だと a cup of「カップ 1 杯の」，**2** だと a glass of「コップ 1 杯の」という意味を表すが，DVD には合わない。**4** の a little「少しの」は空所の後ろの of と結びつかない。

(3) 解答 **4**

A:「今日あなたは学校で**いくつ**授業があります
か」
B:「5 つです」

解説　A の質問に対し，B は「5 つ」と答えて
いる。「いくつ」と数を問う How many とする
のが適切で，正解は **4**。**1** だと How much「い
くら」，**2** だと How old「何歳」，**3** だと How
about 〜 ?「〜はどうですか」という意味にな
る。

(4) 解答 **2**

A:「あなたは**何時に**起きますか」
B:「7 時半です」

解説　A の質問に対し，B は At 7:30.「7 時
半です」と答えているので，A は時間を聞いて
いると考えられる。「何時」を表す What time
とするのが適切で，正解は **2**。**1** だと What
day で「何曜日」という意味になる。**3** week
「週」，**4** month「月」。

(5) 解答 **1**

「私の**身長**は 154 センチメートルです」

解説　I'm「私は〜です」の後ろに 154
centimeters「154 センチメートル」が続いてい
るので，身長の表現だと考えられる。〈be 動詞
＋ 〜 centimeters tall〉で「身長が〜センチ
メートルだ」という意味になるので，**1** が正
解。**2** は〜 years old で「〜歳の」を表す。**3**
は〜 long で「〜の長さ」，**4** は〜 high で tall
と同じように「〜の高さ」を表すが，人には用
いない。

問題 → 本冊 p.41

合格
LESSON
12 やってみよう!

(1) 解答 **4**

A:「あなたのお兄さん［弟さん］はどこにいま
すか」
B:「彼は**向こうに**います。彼は窓の近くにい
ます」

解説　A は B の兄［弟］が Where「どこに」い

るかをたずねているので，B は場所を答えてい
ると考えられる。空所に **4** の over を入れると，
over there「向こうに，あそこに」という表現
になる。B の 2 つ目の発言の near the
window は「窓の近くに」という意味。**1** well
「うまく」，**2** also「〜もまた」，**3** from「〜か
ら」。

(2) 解答 **3**

「ジョーンズさんは朝に 1 杯のコーヒーを飲み
ます」

解説　drink a cup of coffee は「カップ 1 杯
のコーヒーを飲む」という意味。空所の後ろの
the morning「朝［午前中］」に自然につながる
のは **3** の in。in the morning で「朝［午前中］
に」という意味の表現になる。**1** の at も時を表
すが，at the morning とは言わない。at night
「夜に」や〈at ＋ 時刻〉，〈on ＋ 日付・曜日〉と
区別しよう。**2** of「〜の」，**4** on「〜の上に」。

(3) 解答 **1**

「ブライアンは音楽が大好きです。彼は**毎晩**ギ
ターを弾きます」

解説　night「夜」の前の空所には **1** の every
「毎〜」を入れ，every night で「毎晩，毎夜」
とするのが適切。**2** much「多量の」，**3** many
「多数の」，**4** good「よい」。

(4) 解答 **2**

A:「あなたのお姉さん［妹さん］は今どこにい
ますか，トム？」
B:「**彼女は家に**います」

解説　A は B の姉［妹］が Where「どこに」い
るかをたずねている。空所の後ろの home「家」
につながるのは **2** の at である。at home「家に
［で］」という表現でまとめて覚えておこう。**1**
with「〜といっしょに」，**3** for「〜のために」，
4 of「〜の」。

(5) 解答 **2**

A:「あなたは夕食後に何をしますか」
B:「私はテレビで野球の試合を見ます」

11

解説 What do you do の２つ目の do は「する」という意味の一般動詞で，B が夕食後にすることをたずねている。B は I watch baseball games「野球の試合を見ます」と答えている。文末に TV があるので「テレビで」という意味の on TV とするのが適切。正解は **2**。**1** off「～から離れて」，**3** at「～に」，**4** in「～の中に」。

問題 → 本冊 p.43

LESSON 13 やってみよう！

(1) 解答 2

「わが校にようこそ！ どうぞお入りください，ジョン」

解説 学校にやってきたジョンを出迎えている場面。Welcome to ～ で「～にようこそ」という意味の表現になる。正解は **2**。Please come in は「どうぞ入ってください」という意味。**1** in「～の中に」，**3** at「～で，～に」，**4** for「～のために」。

(2) 解答 1

A：「あなたは花の絵を描いているんですか，ジェーン？」
B：「いいえ，リンゴを描いているんです」
A：「ああ，**なるほど**」

解説 花の絵を描いているのかたずねられたジェーンは，リンゴの絵を描いているのだと答えている。これを受けた A の発言としてふさわしいのは，空所に **1** の see を入れた I see.「なるほど，わかりました」という表現。**2** watch「～をじっと見る」，**3** have「～を持っている」，**4** get「～を得る」。

(3) 解答 4

A：「あなたはこの歌を歌えますか」
B：「ええ，**もちろん**」

解説 この歌を歌えるかという A の質問に，B は Yes と答えている。これに続く適切な表現は of course「もちろん」。正解は **4** の of。**1** on「～の上に」，**2** in「～の中に」，**3** to「～へ」。

(4) 解答 2

A：「ぼくはあのサッカー選手が大好きです」
B：「私もです，ジェフ」

解説 A は that soccer player「あのサッカー選手」が大好きと言い，それに B は too「～もまた」を使って同意していると考えられるので，空所に **2** の Me を入れ，Me, too「私もです」とするのが適切。**1** My「私の」，**3** They「彼ら [彼女たち] は」，**4** Them「彼ら [彼女たち] を」。

(5) 解答 3

A：「ナオミ，お昼ごはんの**時間**ですよ」
B：「わかったわ，今行きます」

解説 A の呼びかけに対し，B は I'm coming「今行きます」と返事をしている。空所の後ろに for lunch「昼ごはんの（ための）」があることから，空所には **3** の time「時間」を入れて，it's time for lunch「お昼ごはんの（ための）時間ですよ」とするのが適切。**1** day「日」，**2** week「週」，**4** month「月」。

問題 → 本冊 p.44 ～ 45

LESSON 10 ～ 13 チェックテスト

(1) 解答 2

A：「どうぞここにおかけください」
B：「ありがとう，ブラウンさん」

解説 A の発言は Please「どうぞ」で始まる命令文で，空所の後ろには down がある。空所に「すわる」を表す sit を入れて sit down「腰を下ろす」とする。正解は **2**。A の文末の here は「ここに」という意味。**1** watch「～を見る」，**3** cut「切れる，～を切る」，**4** live「住む」。

(2) 解答 3

「私の母はふつう朝にラジオを**聞きます**」

解説 空所の直後に to があるのに注目。これと結びつく語は **3** の listens「聞く」。listen to the radio で「ラジオを聞く」という意味。主語が My mother と三人称単数なので，動詞 listen に s が付いていることに注意しよう。**1**

---

watches「～をじっと見る」，**2** sings「歌う」，**4** takes「～を（手に）取る」。

(3) 解答 **2**

A:「ぼくは**コップ**1杯の牛乳がほしいです」

B:「はいどうぞ，サム」

解説　want は「～がほしい」という意味で，B の Here you are「はいどうぞ」は物を差し出すときの表現。選択肢には食器類を表す語が並んでいるが，milk に結びつく語は **2** の glass。a glass of milk で「コップ1杯の牛乳」という意味になる。**1** lunchbox「弁当箱」，**3** knife「ナイフ」，**4** plate「（浅い）皿」。

(4) 解答 **4**

A:「あなたの英語の授業はどのくらいの**長さ**ですか」

B:「50分です」

解説　A の質問に B は 50 minutes「50分」と時間の長さを答えているので，空所には **4** の long を入れ，How long ～？「どのくらいの長さですか」とする。**1** だと How much「いくら」（値段），**2** だと How many「いくつの」（数），**3** だと How high「どのくらいの高さ」（高さ）を問う文になるが，ここではどれも文脈に合わない。

(5) 解答 **4**

「私はときどき放課**後**にコンピューターゲームをします」

解説　選択肢にはいろいろな前置詞が並んでいるが，文脈に合うのは **4** の after。after school で「放課後」という意味。**1** from「～から」，**2** with「～といっしょに」，**3** to「～へ」。

(6) 解答 **3**

A:「あなたは夜**に**テレビを見ますか，ヨウコ？」

B:「ええ，見ます」

解説　空所の後ろに night「夜」があることに注目する。空所に **3** の at を入れて at night「夜に」とするのが正解。「朝［午前（中）］に」，「午

後に」では in を使い，in the morning，in the afternoon となるが，「夜に」の場合には前置詞は at を使う。**1**，on「～の上に」，**2** of「～の」，**4** in「～の中に」。

(7) 解答 **1**

A:「ロイ，手伝ってくれてありがとう」

B:「どういたしまして，ケイト」

解説　B が手伝ってくれたことに対して A がお礼を言っている場面。「～してくれてありがとう」は thank you for ～で表す。正解は **1** の for。B の You're welcome は「どういたしまして」という意味。**2** by「～によって」，**3** to「～へ」，**4** with「～といっしょに」。

(8) 解答 **2**

A:「私はこの歌手が好きです。あなたは**どうですか**」

B:「私もです。彼はすばらしいです！」

解説　A は「この歌手が好きだ」と意見を述べ，B に何かたずねている。B は Me, too.「私もです（＝私も好きです）」と答えている。空所に **2** の about を入れ，How about you?「あなたはどうですか」と相手の意見をたずねる表現にするのが適切。**1** with「～といっしょに」，**3** after「～の後に」，**4** under「～の下に」。

問題 ➡ 本冊 p.47

LESSON 14 やってみよう！

(1) 解答 **2**

女性：「牛乳はいかが？」

男の子：「いいえ，けっこうです」

1 はい，ぼくです。

2 いいえ，けっこうです。

3 ぼくもです。

4 そのとおりです。

解説　Do you want ～？「あなたは～がほしいですか」は相手にものをすすめる表現。適切な応答は **2** の No, thank you.「いいえ，けっこうです」で，相手のすすめを断るときの表現。「はい，お願いします」と答える場合は

Yes, please. と言う。

(2)　解答　3

男の子：「やあ，アン。調子はどう？」
女の子：「元気よ，ありがとう」
1 君は何をするの？
2 それはいつ？
3 調子はどう？
4 君はだれ？
解説　男の子の質問に対し，女の子が Fine「元気よ」と答えている。男の子の質問としては **3** の How are you doing?「調子はどう？」が適切。

(3)　解答　1

女性：「こんにちは。私の名前はティナです」
男性：「こんにちは，ティナ。ぼくはボブです。はじめまして」
1 はじめまして。
2 はい，どうぞ。
3 それはあなたのものではありません。
4 あなたはそれができます。
解説　おたがいに名前を伝え合っているので，初対面だとわかる。**1** の Nice to meet you.「はじめまして（お会いできてうれしいです）」が適切。

(4)　解答　4

母親：「ケーキを食べましょう」
男の子：「いいね！　ぼくはとてもおなかがすいているんだ」
1 ぼくはそれが好きじゃないんだ。
2 とても寒いよ。
3 今日は金曜日だよ。
4 ぼくはとてもおなかがすいているんだ。
解説　Let's 〜 . は人に何かを提案するときに使う表現。ケーキを食べようという母親の提案に対し，男の子は Sounds great! と言って喜んでいる。それに続く文として適切なのは，**4** の I'm very hungry.「ぼくはとてもおなかがすいているんだ」。

合格
LESSON
15　やってみよう！

(1)　解答　4

男性：「あなたは野球が好きですか」
女性：「ええ，とても」
1 わかっています。
2 あなたもね。
3 はい，それはそうです。
4 ええ，とても。
解説　Do you like 〜 ?「あなたは〜が好きですか」と聞かれているので，Yes, I do. / No, I don't. と答えるのが基本。**3** は主語が it なので不適切。適切な答えは **4** で，Yes, (I do. I like it) very much.「ええ，とても（私はそれが好きです）」ということ。

(2)　解答　1

男性：「週末に何をするの，ベス？」
女性：「私は映画に行くわ」
1 私は映画に行くわ。
2 私は彼女を知っているわ。
3 私は肉を食べないの。
4 私はその青いのが好きよ。
解説　What do you do 〜 ?は「何をするか」という意味の質問。on weekends は「週末に」という意味。選択肢の中で週末の行動としてふさわしい答えは **1**。

(3)　解答　3

女の子：「お父さんはどこ？　お父さんの助けが必要なの」
男の子：「お父さんは自分の部屋にいるよ，シンディ」
1 あなたは音楽が好き？
2 これは彼のペン？
3 お父さんはどこ？
4 何時？
解説　女の子の発言に対し，男の子が He's in his room「彼（＝お父さん）は自分の部屋にいる」と場所を答えているので，空所には where を使って「どこにいるか」をたずねている **3** を

入れるのが適切。女の子は何かを手伝ってほしくて父親を探していたのである。

(4) 解答 2

父親：「学校の運動会はいつだい，ケンジ？」
男の子：「**次の土曜日だよ**」

1 それは部屋にあるよ。
2 次の土曜日だよ。
3 彼は勉強しているよ。
4 ぼくはイヌを飼っているよ。

解説 父親が運動会は When「いつ」かと聞いているので，時を答えている文を選ぶ。曜日を答えている **2** が正解。next は「次の」という意味。

問題 ➡ **本冊** p.50～51

(1) 解答 3

父親：「10 時だ。寝る時間だよ，メアリー」
女の子：「わかったわ，お父さん。**おやすみなさい**」

1 私は緑色が好きなの。
2 すみません。
3 おやすみなさい。
4 よい 1 日を。

解説 父親は時刻を言い，It's time for bed「寝る時間だよ」と女の子に寝るよう，うながしている。女の子は OK「わかったわ」と答えているので，それに続くのは，寝るときのあいさつの **3**。

(2) 解答 2

女の子：「**お誕生日おめでとう**，お母さん。これらのお花はお母さんへよ」
母親：「まあ，ありがとう，カレン」

1 走ってはだめよ，
2 お誕生日おめでとう，
3 それで終わりよ，
4 それはテーブルの上にあるわ，

解説 女の子が母親に花を渡している場面。母親はお礼を言っている。選択肢の中でプレゼ

ントを渡すのに適切な発言は **2** の Happy birthday,「お誕生日おめでとう，」。

(3) 解答 4

女の子：「このすばらしい写真をありがとうございます，ブラウンさん」
男性：「**どういたしまして**」

1 いいえ，けっこうです。
2 いくつかのカメラです。
3 はい，お願いします。
4 どういたしまして。

解説 女の子は写真をもらったことに対してお礼を述べているので，男性の応答としては「どういたしまして」を表す **4** の You're welcome. が適切。お礼に対する返事として定番の表現なので，覚えておこう。

(4) 解答 3

母親：「あの背の高い男の子を知っている，グレッグ？」
男の子：「うん，お母さん。**彼はサリーのお兄さん［弟］だよ**」

1 ぼくの名前はグレッグだよ。
2 ぼくはとても忙しいんだ。
3 彼はサリーのお兄さん［弟］だよ。
4 お母さんの言うとおりだよ。

解説 男の子は，「あの背の高い男の子を知っているか」という母親の質問に，Yes「うん（＝知っている）」と答えている。それに続く内容として適切なのは，その子がだれなのかを説明している **3**。

(5) 解答 1

男性：「男のきょうだいはいますか，エイミー？」
女性：「**いいえ，いません**。姉［妹］が 1 人います」

1 いいえ，いません。
2 いいえ，けっこうです。
3 ええ，そうしましょう。
4 はい，お願いします。

解説 男性から兄弟がいるか聞かれた女性は，

15

空所の返答の後，姉［妹］がいると述べている。Do you 〜? の疑問文への答えとして，選択肢の中であてはまるのは，「いいえ，いません」という意味の **1** No, I don't. となる。

(6) 解答 **3**

女性：「あなたはスポーツが好き，サム？」
男性：「うん。**ぼくはよく野球をするよ**」
1 ぼくは医者だよ。
2 今日はくもりだよ。
3 ぼくはよく野球をするよ。
4 元気だよ，ありがとう。
解説 女性にスポーツが好きか聞かれた男性は Yes. と答えているので，それに続く説明としてはスポーツに関する発言が自然。**3** が正解。

(7) 解答 **3**

父親：「キャシー，誕生日に何がほしい？」
女の子：「自転車がほしいわ，お父さん」
1 何時に寝るの？
2 どこへ行くの？
3 誕生日に何がほしい？
4 あの女の子はだれ？
解説 女の子は父親の質問に I want a bicycle「自転車がほしい」と答えている。父親の質問としては，誕生日にほしいものをたずねる **3** が適切。

(8) 解答 **2**

女性：「どこのご出身ですか，ベルさん？」
男性：「私はオーストラリア出身です」
1 私は英語の教師です。
2 私はオーストラリア出身です。
3 これは私の車です。
4 それではまた。
解説 Where are you from? は出身地を聞く表現。男性の返答として，国名を答えている **2** が正解。

LESSON 16 やってみよう！

(1) 解答 **3**

正しい語順 That woman (is my favorite singer).
解説 主語の後ろには be 動詞の is がくる。「私のお気に入りの歌手」は my favorite singer。

(2) 解答 **1**

正しい語順 I (write e-mails to Tom's sister) every day.
解説 主語の後ろには動詞 write がくる。「(人) に E メールを書く」は〈write e-mails to ＋ 人〉の語順で表す。

(3) 解答 **4**

正しい語順 Please (come to my birthday) party this weekend.
解説 「〜してください」という命令文なので，Please の後ろには動詞の原形が続く。「〜に来る」は come to 〜。「私の誕生日パーティー」は my birthday party。

(4) 解答 **2**

正しい語順 (Let's eat lunch at) that restaurant.
解説 「食べましょう」という提案の文なので，Let's で文を始め，動詞の原形を続ける。「昼食を食べる」は eat lunch。「あのレストランで」は at that restaurant。

LESSON 17 やってみよう！

(1) 解答 **3**

正しい語順 (What time is it) now, Judy?
解説 時間をたずねる文を作る問題。「何時」は What time で表し，疑問文の語順〈be 動詞 ＋ 主語〉の is it を続ける。What time is it? という表現はそのまま覚えておこう。

(2) 解答 **1**

正しい語順 (**How** long **is** that) river?

解説 川の「長さ」をたずねる文。「どのくらい長い」は How long で表す。後ろには疑問文の語順〈is ＋ 主語〉が続く。is の後ろに that を置き，主語を that river「あの川」とする。

(3) 解答 **4**

正しい語順 (**How** old **is** your sister)?

解説 年齢をたずねるときは How old ～？を使う。後ろには疑問文の語順 is your sister を続ける。

(4) 解答 **4**

正しい語順 (**Whose** textbook **is** this)?

解説 「だれの教科書」は Whose textbook となる。後ろには疑問文の語順 is this を続ける。

問題 ➡ 本冊 p.56 ～ 57

合格LESSON 16～17 チェックテスト

(1) 解答 **1**

正しい語順 I'm (**not** a **good** basketball) player.

解説 4番目の空所の後ろに player「選手」があることに注目する。「私はバスケットボールがうまくない」を「私はよいバスケットボール選手ではない」という日本語に置き換えて考えるとわかりやすい。I'm の後ろに否定の not を続け，「よいバスケットボール選手」a good basketball player の語順を続ける。

(2) 解答 **4**

正しい語順 I (**clean** my room **after** breakfast) every Saturday.

解説 主語の後ろには動詞 clean「～をそうじする」が続く。その後ろには「自分の部屋」を表す my room が入る。時を示す表現はふつう文の終わりにくる。「朝食後に」は after breakfast の語順。

(3) 解答 **2**

正しい語順 (**Don't** take **pictures** here), please.

解説 「～しないでください」という否定の命令文なので，〈Don't ＋ 動詞の原形〉の語順にする。「写真をとる」は take pictures で，その後ろに「ここで」の here が続く。

(4) 解答 **2**

正しい語順 (**Let's** go **shopping** this) weekend.

解説 「～しましょう」と人に提案しているので，〈Let's ＋ 動詞の原形〉の語順にする。「買い物に行く」は go shopping。その後ろに「今週末に」を意味する this weekend を続ける。

(5) 解答 **3**

正しい語順 What (**day** of the **week** is) it today, Ken?

解説 What day「何の日［どの日］」に，of the week「1週間のうちの」を組み合わせて，What day of the week「1週間のうちのどの日」→「何曜日」とする。曜日をたずねる決まった表現なので丸ごと覚えておこう。of the week を省略して What day is it today? と表すこともできる。

(6) 解答 **1**

正しい語順 (**How** much **is** this cap)?

解説 「いくら」と値段をたずねるときは，How much で文を始める。その後ろには疑問文の語順〈be 動詞 ＋ 主語〉を続ける。

(7) 解答 **2**

正しい語順 (**How** tall **are** you), Fred?

解説 身長がどれくらいかをたずねるときは How tall ～？で文を始める。その後ろには疑問文の語順 are you を続ける。

(8) 解答 **3**

正しい語順 (**Whose** pens **are** these)?

解説 「だれのペン」は Whose pens で表す。

これに疑問文の語順 are these を続ける。

問題 ➡ 本冊 p.59

合格 LESSON **18** やってみよう！

🎵 19

(1) 解答 3

Do you like soccer?
1 Yes, they are.
2 Yes, please.
3 Yes, very much.

あなたはサッカーが好き？
1 うん，それらはそうだよ。
2 うん，お願い。
3 うん，とっても。

解説 女の子は「あなたはサッカーが好き？」
と男の子に聞いている。答えの文は3つとも
Yes で始まっているが，**1** は they で答えてい
ておかしく，**2** は意味が通らない。適切な返答
は**3**。Yes, very much. は Yes, (I do. I like
soccer) very much. ということ。

(2) 解答 2

What are you drinking?
1 It's six o'clock.
2 Apple juice.
3 In the kitchen.

君は何を飲んでいるの？
1 6時よ。
2 りんごジュースよ。
3 台所でよ。

解説 What are you 〜ing? は「あなたは何
を〜していますか」という意味の表現。何を飲
んでいるかを聞かれているので，飲み物を答え
ている**2**が正解。

(3) 解答 3

Where's your cat?
1 It's two years old.
2 In the afternoon.

3 Under the table.

あなたのネコはどこにいるの？
1 それは2歳だよ。
2 午後にね。
3 テーブルの下だよ。

解説 Where's 〜？は Where is 〜？を短縮
した形で，「〜はどこにいる［ある］か」とたず
ねる表現。ネコはどこにいるかと聞かれている
ので，場所を答えている**3**が正解となる。

(4) 解答 1

How do you go to the library?
1 By bus.
2 At three.
3 On Saturday.

君はどうやって図書館へ行くの？
1 バスでよ。
2 3時に。
3 土曜日に。

解説 How 〜？は手段や方法について聞く表
現。ここでは図書館へ行く手段を聞かれている
ので，**1**の By bus.「バスで」が正解となる。
どこかへ行く手段としてはこのほかに，by
bike「自転車で」，by train「電車で」という表
現もよく使われるので覚えておこう。

問題 ➡ 本冊 p.61

合格 LESSON **19** やってみよう！

🎵 21

(1) 解答 3

Peter, wash your hands.
1 Yes, they are.
2 You're welcome.
3 All right.

ピーター，手を洗いなさい。
1 うん，それらはそうだよ。
2 どういたしまして。
3 わかったよ。

解説 母親に「手を洗いなさい」と言われた

ピーターの応答として適切なのは，「わかりました」という意味の**3**の All right.。

(2) 解答 2

Let's go to Grandma's house this weekend.
1 See you.
2 Good idea.
3 Here you are.

今週末におばあちゃんの家に行こう。
1 またね。
2 いい考えね。
3 はい，どうぞ。

解説 男の子は Let's go to ～ .「～に行こう」と提案している。その返答としては，「いい考えね」と賛同している**2**が適切。**1**は別れのあいさつ，**3**はものを手渡すときの表現。

(3) 解答 2

Can I use your computer, Dad?
1 It's Sunday.
2 Sorry, Tom is using it now.
3 Yes, I do.

お父さんのコンピューターを使ってもいい，お父さん？
1 日曜日だよ。
2 ごめん，今トムがそれを使っているんだ。
3 うん，私はするよ。

解説 Can I ～ ? は「～してもいいですか」と相手の許可を求める表現。選択肢の中で適切な応答は，「今トムがそれを使っている（から今は使わせることができない）」と答えている**2**。using it の it は「（父親の）コンピューター」のこと。

(4) 解答 1

That is my brother.
1 Oh, he is very tall.
2 Yes, you are.
3 You, too.

あれはぼくの兄だよ。
1 まあ，彼はとても背が高いのね。
2 ええ，あなたはそうよ。
3 あなたもね。

解説 男の子は向こうに見える青年について That is my brother.「あれはぼくの兄だよ」と言っている。その応答として適切なのは，「彼はとても背が高いのね」と述べている**1**。

問題 ➡ 本冊 p.62 ～ 63

合格 LESSON
18～19 チェックテスト
♪ 22 ～ ♪ 30

(1) 解答 3

Don't run here.
1 No, thanks.
2 Me, too.
3 I'm sorry, Ms. Green.

ここで走らないで。
1 いいえ，けっこうです。
2 ぼくもです。
3 ごめんなさい，グリーン先生。

解説 Don't run here.「ここで走らないで（＝走ってはいけません）」と先生が生徒に注意している場面。先生に謝っている**3**が適切な答え。**1**は申し出を断る表現，**2**は「自分もそうだ」と同意するときの表現。

(2) 解答 2

Can I use your eraser, Mary?
1 Yes, it does.
2 Here you are.
3 No, I don't.

君の消しゴムを使ってもいい，メアリー？
1 ええ，それはそうよ。
2 はい，どうぞ。
3 いいえ，私は違うわ。

解説 Can I ～ ? は「私は～してもいいですか」と相手に許可を求める表現。ここでは相手の消しゴムを使っていいかたずねている。**2**の

Here you are. は「はい，どうぞ」と人にもの を渡すときの表現で，これが正解。

(3) 解答 1

Can you open the door, John?
1 Sure.
2 It's fine.
3 Yes, you can.

ドアを開けてくれる，ジョン？
1 いいよ。
2 いい天気だよ。
3 うん，あなたはできるよ。

解説 Can you ～ ? は「～してくれますか」 と相手に何かを頼む表現。**1** の Sure. は「いい よ」と快く引き受ける応答で，これが正解。

(4) 解答 3

Dinner is ready, Sarah.
1 Here it is.
2 I like school.
3 I'm coming, Dad.

夕食の用意ができたよ，サラ。
1 ここにあるわよ。
2 私は学校が好きなの。
3 今行くわ，お父さん。

解説 ～ is ready は「～の用意ができた」と いう意味。夕食ができたと父親が呼びかけてい るので，I'm coming「私は来ています」→「今 行きます」という意味の **3** が適切な応答。「行 く」はふつう go を使うが，相手のいる場所に 「行く」と言うときは，英語では相手のいると ころに「来る」と考えるので，come を使う。

(5) 解答 3

Is this tea sweet?
1 Thanks a lot.
2 I see.
3 No, it isn't.

このお茶はあまいですか。

1 どうもありがとう。
2 わかりました。
3 いいえ，そうではありません。

解説 女性は Is this tea sweet?「このお茶は あまいですか」とたずねている。No, it isn't. 「いいえ，そうではありません」と答えている **3** が正解。ここでの it は this tea をさしており， No, this tea isn't sweet.「いいえ，このお茶は あまくありません」いう意味となる。**1** と **2** は 質問に答えておらず，不適切。

(6) 解答 1

How many textbooks do you have in your bag?
1 I have five.
2 These books are mine.
3 Eight years old.

君はかばんの中に何冊の教科書を持っている の？
1 5冊よ。
2 これらの本は私のものよ。
3 8歳よ。

解説 男の子は How many textbooks ～ ? と 「教科書の冊数」をたずねている。「5冊」と数 を答えている **1** が適切な応答。

(7) 解答 2

When do you listen to music?
1 I'm happy.
2 After dinner.
3 Yes, I do.

あなたはいつ音楽を聞くの？
1 ぼくはうれしいよ。
2 夕食後にだよ。
3 うん，ぼくはそうだよ。

解説 女の子は，When を使い「いつ音楽を 聞くか」をたずねているので，After dinner.「夕 食後にだよ」と時を答えている **2** が適切な応 答。

(8) 解答 2

Which subject do you like, science or English?
1 In my room.
2 English.
3 Yes, I am.

君は理科と英語では，どちらの科目が好きなの？
1 私の部屋でよ。
2 英語よ。
3 ええ，私はそうよ。

解説 Which ～ do you like, A or B? は「AとBでは，どちらの～が好きですか」と聞く表現。ここでは science or English「理科か英語」のどちらかを選んで答える。適切な応答は English. と答えている **2**。

問題 ➡ 本冊 p.65

合格 LESSON
20 やってみよう！

♪ **32**

(1) 解答 3

☆：Joe, do you like cats?
★：No, I don't. I like monkeys.
Question: What does Joe like?

☆：ジョー，あなたはネコが好き？
★：いや，好きじゃないよ。ぼくはサルが好きなんだ。
質問：ジョーは何が好きですか。
1 彼はネコが好きです。
2 彼はイヌが好きです。
3 彼はサルが好きです。
4 彼は鳥が好きです。

解説 選択肢はすべて He likes ～.「彼は～が好きです」の文なので，何が好きなのかに注意して聞くようにする。男の子 (Joe) はネコが好きかと聞かれて，No と答え，その後に I like monkeys.「ぼくはサルが好きなんだ」と言っている。正解は **3**。

(2) 解答 2

★：Kate, do you cook breakfast every Saturday?
☆：No, I cook it every Sunday.
Question: When does Kate cook breakfast?

★：ケイト，あなたは毎週土曜日に朝食を作るのですか。
☆：いいえ，私は毎週日曜日に作ります。
質問：ケイトはいつ朝食を作るのですか。
1 毎週土曜日に。
2 毎週日曜日に。
3 毎週月曜日に。
4 毎週火曜日に。

解説 選択肢に曜日が並んでいるので，曜日に注意して聞くようにする。毎週土曜日に朝食を作るか聞かれたケイトは No と答えてから I cook it every Sunday「私は毎週日曜日に作ります」と言っている。ここでの it は breakfast「朝食」のことをさしている。正解は **2**。

(3) 解答 4

★：Hello, Ms. White. Is Bill at home now?
☆：I'm sorry, he's at the pool.
Question: Where is Bill now?

★：こんにちは，ホワイトさん。ビルは今，家にいますか。
☆：ごめんなさい，彼はプールにいるのよ。
質問：ビルは今どこにいますか。
1 家に。
2 学校に。
3 公園に。
4 プールに。

解説 選択肢には場所を示す表現が並んでいるので，場所に注意して聞くようにする。「ビルは今，家にいるか」という質問に，ホワイトさんは he's at the pool「彼（＝ビル）はプールにいるのよ」と答えている。正解は **4**。

(4) 解答 **3**

☆：Is this your umbrella, Tom?

★：No, it's not mine, Nancy. It's my mother's.

Question: Whose umbrella is it?

☆：これはあなたのかさなの，トム？

★：いや，ぼくのじゃないよ，ナンシー。それはぼくの母のだよ。

質問：それはだれのかさですか。

1 トムのもの。

2 ナンシーのもの。

3 トムの母親のもの。

4 トムの姉［妹］のもの。

解説　選択肢には人の名前に 's が付いた「～のもの」という表現が並んでいるので，だれのものなのかに注意して聞くようにする。これはあなたのかさなのか，とナンシーに聞かれたトムは，No, it's not mine「いや，ぼくのじゃないよ」と答えてから，It's my mother's.「それ（＝かさ）はぼくの母の（もの）だよ」と続けている。正解は **3**。

問題 ➡ 本冊 p.67

合格
LESSON
21 やってみよう！

🎵34

(1) 解答 **2**

☆：I have two cats and four birds, Matt.

★：Oh, you have a lot of pets, Lucy.

Question: How many cats does Lucy have?

☆：私は 2 匹のネコと 4 羽の鳥を飼っているのよ，マット。

★：わあ，君はたくさんのペットを飼っているんだね，ルーシー。

質問：ルーシーは何匹のネコを飼っていますか。

1 1 匹。

2 2 匹。

3 3 匹。

4 4 匹。

解説　選択肢に数字が並んでいるので，数に注意して聞くことが大事。会話ではネコと鳥の 2 種類の動物が出てくるので，選択肢の横にどちらのことかメモをしておくのもよいだろう。質問では How many cats「何匹のネコ」かを問われている。ルーシーは「2 匹のネコと 4 羽の鳥」を飼っているので，正解は **2**。

(2) 解答 **2**

☆：How old is your sister, Jack?

★：She's fifteen, and my brother is fourteen.

Question: How old is Jack's brother?

☆：あなたのお姉さん［妹さん］は何歳なの，ジャック？

★：彼女は 15 歳だよ，そして兄［弟］は 14 歳だよ。

質問：ジャックの兄［弟］は何歳ですか。

1 13 歳。

2 14 歳。

3 15 歳。

4 16 歳。

解説　こちらも選択肢に数字が並んでいるが，（1）と異なり，英語表記ではない。数字を見て読み方を頭に思い浮かべながら会話を聞くようにしよう。質問ではジャックの兄［弟］の年齢を問われている。ジャックは my brother is fourteen「兄［弟］は 14 歳だよ」と言っているので，正解は **2**。姉［妹］の年齢の fifteen「15 歳」と間違えないようにしよう。

(3) 解答 **3**

☆：My birthday is September sixteenth. When is yours, Roger?

★：It's October seventh.

Question: When is Roger's birthday?

☆：私の誕生日は 9 月 16 日よ。あなたのはいつ，ロジャー？

★：10 月 7 日だよ。

質問：ロジャーの誕生日はいつですか。
1 9月7日。
2 9月16日。
3 10月7日。
4 10月16日。

解説 選択肢には日付が並んでいるので，月の名前と日にちの数字に集中して聞く。7th は seventh，16th は sixteenth と読み，ここではそれぞれ7日，16日という意味。月の名前と日にちを表す数字の言い方をしっかり覚えておこう。質問ではロジャーの誕生日が問われているので，正解は **3**。女の子の誕生日の September sixteenth「9月16日」と間違えないようにしよう。

(4) 解答 3

★：Does that supermarket close at ten thirty?
☆：No, it closes at eleven.
Question: What time does the supermarket close?

★：あのスーパーマーケットは10時半に閉まりますか。
☆：いいえ，11時に閉まります。
質問：スーパーマーケットは何時に閉まりますか。
1 10時に。
2 10時半に。
3 11時に。
4 11時半に。

解説 選択肢には時間が並んでいるので，時間に注意して聞く。会話では男性がスーパーマーケットは ten thirty「10時半」に閉まるかと女性にたずね，彼女は No と答えた後に it closes at eleven「11時に閉まります」と伝えている。正解は **3**。

合格 LESSON
20～21 チェックテスト
🎵 35 ～ 🎵 43

(1) 解答 2

★：Aya, do you like math?
☆：No, I don't. I like P.E.
Question: What subject does Aya like?

★：アヤ，あなたは数学が好きですか。
☆：いいえ，好きではありません。私は体育が好きです。
質問：アヤの好きな科目は何ですか。
1 数学。
2 体育。
3 音楽。
4 英語。

解説 選択肢には科目の表現が並んでいる。数学が好きかを聞かれたアヤは，No と答えた後に I like P.E.「私は体育が好きです」と言っている。質問はアヤが何の科目が好きかなので，正解は **2**。

(2) 解答 3

★：Where does your aunt live, Yuki?
☆：She lives in Osaka, Billy.
Question: Who lives in Osaka?

★：君のおばさんはどこに住んでいるの，ユキ？
☆：彼女は大阪に住んでいるわ，ビリー。
質問：だれが大阪に住んでいますか。
1 ユキです。
2 ビリーです。
3 ユキのおばです。
4 ビリーのおばです。

解説 選択肢はすべて人の名前で始まっているので，名前に注意して聞く。ビリーはユキに，「君のおばさんはどこに住んでいるの」とたずね，ユキは She lives in Osaka「彼女（ユキのおば）は大阪に住んでいるわ」と答えている。質問は Who「だれが」大阪に住んでいるかなので，正解は **3**。

(3) 解答 **1**

☆：Where are you going, Bob?
★：I'm going to the library.　See you tomorrow at school, Ann.
Question: Where is Bob going now?

☆：どこへ行くの，ボブ？
★：図書館へ行くところだよ。また明日学校で，アン。
質問：ボブは今どこへ行くところですか。

1 図書館へ。
2 公園へ。
3 学校へ。
4 映画へ。

解説　選択肢には目的地を示す表現が並んでいるので，場所に注意して聞く。アンにどこへ行くところなのか聞かれたボブは I'm going to the library.「図書館へ行くところだよ」と答えている。正解は **1**。

(4) 解答 **4**

★：Is this your dictionary, Lisa?
☆：No, it isn't, Roy.　It's my brother's.
Question: Whose dictionary is it?

★：これは君の辞書なの，リサ？
☆：いいえ,違うわ，ロイ。それは私の兄 [弟] のものよ。
質問：それはだれの辞書ですか。

1 ロイの姉 [妹] の。
2 リサの姉 [妹] の。
3 ロイの兄 [弟] の。
4 リサの兄 [弟] の。

解説　選択肢には人の名前が並んでいるので，名前に注意して聞く。また，ロイとリサのどちらの姉 [妹]，兄 [弟] なのかに気をつけよう。ロイから「これは君の辞書なの？」とたずねられたリサは，No と答えた後に，It's my brother's.「それは私の兄 [弟] のものよ」と言っている。正解は **4**。

(5) 解答 **3**

☆：How much is this blue cap?
★：It's nineteen dollars.
Question: How much is the blue cap?

☆：この青い帽子はいくらですか。
★：それは 19 ドルです。
質問：その青い帽子はいくらですか。

1 9 ドル。
2 10 ドル。
3 19 ドル。
4 29 ドル。

解説　選択肢には値段が並んでいるので，それぞれの値段の言い方を頭に思い浮かべながら聞こう。青い帽子の値段は nineteen dollars「19 ドル」だと言われているので，正解は **3**。

(6) 解答 **2**

☆：How tall are you, Peter?
★：I'm one hundred and sixty centimeters tall.
Question: How tall is Peter?

☆：あなたの身長はどのくらいなの，ピーター？
★：ぼくは 160 センチメートルだよ。
質問：ピーターの身長はどのくらいですか。

1 155 センチメートル。
2 160 センチメートル。
3 165 センチメートル。
4 170 センチメートル。

解説　選択肢に並んでいる数字に注意して会話を聞く。How tall are you? は相手の身長をたずねる表現。ピーターは I'm one hundred and sixty centimeters tall.「ぼくは 160 センチメートルだよ」と答えているので，正解は **2**。3 けたの数字は，one hundred and sixty「100 と 60（＝ 160）」のように表す。読み方を覚えておこう。

(7) 解答 **1**

☆：When is Jackson's birthday party,

Sam?

★ : It's on June third.

Question: When is Jackson's birthday party?

☆：ジャクソンの誕生日パーティーはいつなの，サム？

★：6月3日だよ。

質問：ジャクソンの誕生日パーティーはいつですか。

1 それは6月3日です。

2 それは6月23日です。

3 それは7月3日です。

4 それは7月23日です。

解説　選択肢の日付に注意して聞く。選択肢には June と July，3rd と 23rd があるので，聞き間違えないように注意しよう。3rd は third，23rd は twenty-third と読む。ジャクソンの誕生日パーティーがいつかをたずねられたサムは，It's on June third.「6月3日だよ」と答えている。正解は**1**。

(8)　解答　**2**

★ : I get up at seven every morning. How about you, Sarah?

☆ : I get up at six thirty, Ben.

Question: What time does Sarah get up?

★：ぼくは毎朝7時に起きるんだ。君はどう，サラ？

☆：私は6時半に起きるのよ，ベン。

質問：サラは何時に起きますか。

1 6時に。

2 6時半に。

3 7時に。

4 7時半に。

解説　選択肢に並んでいる時間に注意して聞く。会話では，ベンは7時に，サラは6時半に起きると言っている。質問では「サラの起きる時間」をたずねているので，正解は**2**。

(1)　解答　**3**

1 Mike and his father are at a park.

2 Mike and his father are at a bookstore.

3 Mike and his father are at a restaurant.

1 マイクと彼の父親は公園にいます。

2 マイクと彼の父親は書店にいます。

3 マイクと彼の父親はレストランにいます。

解説　男性と男の子がレストランで食事をしている場面。放送文はいずれも〈Mike and his father are at ＋ 場所.〉で，「マイクと彼の父親は〜にいる」という文。正解は「レストランにいます」という意味の**3**。

(2)　解答　**2**

1 The dictionary is on the desk.

2 The dictionary is on the chair.

3 The dictionary is on the floor.

1 辞書はつくえの上にあります。

2 辞書はいすの上にあります。

3 辞書はゆかの上にあります。

解説　辞書がいすの上にある絵なので，いすを表す chair ということばを聞き取ろう。正解は**2**。放送文はいずれも The dictionary is on 〜 . の形で，「辞書は〜の上にある」という文。**3**の floor には，「ゆか」のほかに「（建物の）階」という意味もある。

(3)　解答　**2**

1 It's eleven oh six.

2 It's eleven sixteen.

3 It's eleven seventeen.

1 11時6分です。

2 11時16分です。

3 11時17分です。

解説　絵の中の時計は11時16分を示してい

る。表示された時刻の言い方である eleven sixteen を頭に思い浮かべながら放送を聞こう。正解は **2**。**1** の oh six は 06 のことで, eleven oh six で 11：06 を表している。

(4) 解答 1

> **1** This cap is eighteen dollars.
> **2** This cap is eighty dollars.
> **3** This cap is eighty-one dollars.

> **1** この帽子は 18 ドルです。
> **2** この帽子は 80 ドルです。
> **3** この帽子は 81 ドルです。

解説 帽子には 18 ドルの値札が付いている。18 ドルは英語では eighteen dollars と言うので, 正解は **1**。eighty「80」と聞き間違えないようにしよう。

問題 ➡ 本冊p.73

合格
LESSON
23 やってみよう！

♪ 47

(1) 解答 3

> **1** The girls are studying.
> **2** The girls are swimming.
> **3** The girls are dancing.

> **1** 女の子たちは勉強しています。
> **2** 女の子たちは泳いでいます。
> **3** 女の子たちは踊っています。

解説 女の子たちが踊っている場面。放送文はいずれも The girls are ～ ing. の形で,「女の子たちは～しているところです」という意味。正解は **3**。

(2) 解答 1

> **1** Kate is watching TV.
> **2** Kate is washing her face.
> **3** Kate is cleaning her room.

> **1** ケイトはテレビを見ています。
> **2** ケイトは顔を洗っています。
> **3** ケイトは自分の部屋をそうじしています。

解説 女性が部屋でテレビを見ている場面。放送文はすべて Kate is ～ ing の形。正解は **1**。watch TV「テレビを見る」, wash one's face「顔を洗う」, clean one's room「部屋をそうじする」はどれもよく使う表現なので, しっかり覚えておこう。

(3) 解答 3

> **1** David is opening the door.
> **2** David is opening the box.
> **3** David is opening the curtain.

> **1** デビッドはドアを開けているところです。
> **2** デビッドは箱を開けているところです。
> **3** デビッドはカーテンを開けているところです。

解説 男の子がカーテンを開けている場面。放送文はすべて David is opening ～ .「デビッドは～を開けているところです」となっている。the curtain「カーテン」を開けていると言っている **3** が正解。

(4) 解答 2

> **1** It's snowy today.
> **2** It's windy today.
> **3** It's rainy today.

> **1** 今日は雪が降っています。
> **2** 今日は風が強いです。
> **3** 今日は雨が降っています。

解説 風で木々が揺れたり, 葉が飛んでいたりする風景。放送文はすべて It's で始まり, 天候を示す表現が続いている。「風が強い」を表す **2** が正解。

問題 ➡ 本冊p.74 ～ 75

合格LESSON
22 ～ 23 チェックテスト

♪ 48 ～ ♪ 56

(1) 解答 1

> **1** This is a classroom.
> **2** This is a kitchen.

3 This is a gym.

1 これは教室です。

2 これは台所です。

3 これは体育館です。

解説 教室が描かれている。放送文はどれも This is a ~ .「これは~です」の形。「教室」は classroom なので，正解は **1**。kitchen「台所」と gym「体育館」もよく出題されるので覚えておこう。

(2) 解答 **2**

1 The dog is by the bed.
2 The dog is under the bed.
3 The dog is on the bed.

1 イヌはベッドのそばにいます。
2 イヌはベッドの下にいます。
3 イヌはベッドの上にいます。

解説 ベッドの下にイヌがいる場面。「ベッドの下に」は under the bed なので，正解は **2**。この is は「いる」を表している。

(3) 解答 **3**

1 It's September twelfth.
2 It's October twelfth.
3 It's November twelfth.

1 9月12日です。
2 10月12日です。
3 11月12日です。

解説 日めくりカレンダーは11月12日を示している。11月12日の英語での言い方を頭に思い浮かべながら放送を聞こう。放送文の中で異なるのは月を表す語の部分。11月は November なので，正解は **3**。1年の月の名前をすぐに思い浮かべられるようにしておこう。12日は twelfth。twelve との発音の違いにも注意しよう。

(4) 解答 **2**

1 Ken is thirty kilograms.

2 Ken is thirty-six kilograms.

3 Ken is sixty-three kilograms.

1 ケンは 30 キログラムです。

2 ケンは 36 キログラムです。

3 ケンは 63 キログラムです。

解説 絵の中の体重計は 36kg と表示されている。36kg の英語での言い方を頭に思い浮かべながら放送を聞こう。thirty-six kilograms の **2** が正解。**1** の thirty は「30」，**3** の sixty-three は「63」。数字の言い方や，kilogram などの単位に慣れておくようにしよう。

(5) 解答 **2**

1 The boys are talking.
2 The boys are cooking.
3 The boys are skiing.

1 男の子たちは話しています。
2 男の子たちは料理しています。
3 男の子たちはスキーをしています。

解説 2人の男の子が料理をしている場面。放送文はすべて The boys are ~ ing. の形。動詞に注意して聞こう。正解は動詞 cook「料理する」に ing が付いて「料理している」という意味の **2**。

(6) 解答 **3**

1 Yumi is buying a newspaper.
2 Yumi is cutting a newspaper.
3 Yumi is reading a newspaper.

1 ユミは新聞を買っているところです。
2 ユミは新聞を切っているところです。
3 ユミは新聞を読んでいるところです。

解説 女の子が新聞を読んでいる場面。正解は **3**。**2** の cutting は cut「~を切る」の ing 形で，t がもう1つ加わって cutting となることに注意しよう。

(7) 解答 **1**

1 My father is washing his car.

2 My father is washing his shirt.
3 My father is washing his hands.

1 ぼくの父は車を洗っています。
2 ぼくの父はシャツを洗っています。
3 ぼくの父は手を洗っています。

解説　男の人が洗車をしている場面。放送文はすべて My father is washing ～ .「ぼくの父は～を洗っています」で，それぞれ洗っているものが異なる。正解は his car「彼（＝ぼくの父）の車」と言っている **1**。

(8)　解答　**3**

1 It's hot today.
2 It's warm today.
3 It's cold today.

1 今日は暑いです。
2 今日は暖かいです。
3 今日は寒いです。

解説　絵の中の男の子はふるえており，寒そうに見える。この状態を適切に表しているのは **3**。**1** の hot「暑い」，**2** の warm「暖かい」もよく出題される重要語。

そっくり模試【解答一覧】

問題 ➡ 本冊 p.80〜87

解 答 欄

問題番号		1	2	3	4
1	(1)	①	②	❸	④
	(2)	❶	②	③	④
	(3)	①	②	❸	④
	(4)	①	❷	③	④
	(5)	①	❷	③	④
	(6)	①	②	③	❹
	(7)	①	②	③	❹
	(8)	①	②	❸	④
	(9)	①	❷	③	④
	(10)	①	②	③	❹
	(11)	①	❷	③	④
	(12)	❶	②	③	④
	(13)	①	②	③	❹
	(14)	①	②	❸	④
	(15)	①	❷	③	④

解 答 欄

問題番号		1	2	3	4
2	(16)	❶	②	③	④
	(17)	①	②	❸	④
	(18)	①	②	③	❹
	(19)	①	②	❸	④
	(20)	①	❷	③	④
3	(21)	❶	②	③	④
	(22)	①	②	❸	④
	(23)	❶	②	③	④
	(24)	①	②	③	❹
	(25)	①	❷	③	④

リスニング解答欄

問題番号		1	2	3	4
第1部	例題	①	②	●	
	No.1	①	②	❸	
	No.2	❶	②	③	
	No.3	❶	②	③	
	No.4	❶	②	③	
	No.5	①	❷	③	
	No.6	①	②	❸	
	No.7	①	②	❸	
	No.8	❶	②	③	
	No.9	①	❷	③	
	No.10	①	②	❸	
第2部	No.11	①	❷	③	④
	No.12	①	②	③	❹
	No.13	①	②	❸	④
	No.14	①	②	③	❹
	No.15	①	②	❸	④
第3部	No.16	①	❷	③	
	No.17	①	②	❸	
	No.18	①	②	❸	
	No.19	❶	②	③	
	No.20	①	②	❸	
	No.21	①	②	❸	
	No.22	❶	②	③	
	No.23	①	❷	③	
	No.24	①	❷	③	
	No.25	①	②	❸	

筆記

##

(1) 解答 **3**

「8月は1年の8番目の月です」

解説 eighth は「8番目の」，month は「月」なので，「8月」を表す **3** の August が入る。Au の発音にも注意しよう。**1** January「1月」，**2** March「3月」，**4** November「11月」。

(2) 解答 **1**

「私のTシャツはとても古いです。私は新しいものがほしいです」

解説 2つ目の文に I want a new one.「私は新しいものがほしい」とあるので，**1** の old「古い」を入れるのが自然。one は T-shirt の繰り返しをさけるために使われている。**2** young「若い」，**3** tall「背の高い」，**4** fast「速い」。

(3) 解答 **3**

「ピーターは医者で，彼は病院で働いています」

解説 文の前半にピーターは doctor「医者」だとあり，後半で works at「～で働いている」とあるので，場所として適切なのは **3** の hospital「病院」。**1** station「駅」，**2** post office「郵便局」，**4** library「図書館」。

(4) 解答 **2**

A:「暑すぎますよ，メグ。窓を開けてください」
B:「いいですよ」

解説 A は1つ目の文で too hot「暑すぎる」と言い，空所の後ろには the window「窓」とあるので，正解は **2** の open「～を開ける」。**1** clean「～をそうじする」，**3** speak「～を話す」，**4** meet「～に会う」。

(5) 解答 **2**

「私の母は，台所で昼食を作っています」

解説 lunch「昼食」と in the kitchen「台所で」があるので，is making で「～を作っている」を表す **2** が正解。making は make「～を作る」の ing 形。**1** sitting (sit の ing 形)「すわっている」，**3** using (use の ing 形)「～を使っている」，**4** playing「(スポーツなど)をしている，(楽器)を演奏している」。

(6) 解答 **4**

A:「今日の午後にいくつ授業がありますか」
B:「2つです。英語と数学があります」

解説 B が2つ目の文で I have English and math.「英語と数学がある」と説明していて，A の質問は How many ～？と数をたずねる表現なので，それに続くのは，**4** の classes (class の複数形)「授業」だとわかる。**1** students「生徒，学生」，**2** libraries「図書館」，**3** rooms「部屋」(すべて複数形)。

(7) 解答 **4**

「私はよく体育館に行き，そこでバドミントンをします」

解説 文の前半に go to the gym「体育館に行く」，後半に play badminton「バドミントンをする」とあるので，空所には場所を表す **4** の there「そこで」が入る。**1** this「これ」，**2** that「あれ，それ」，**3** those「あれら，それら」。

(8) 解答 **3**

「ジュンコの父親は毎日電車で仕事に行きます」

解説 前に goes to work「仕事に行く」，後ろに train「電車」があるので，空所には手段・方法を表す **3** の by「～によって，～で」が入る。**1** under「～の下に」，**2** at「(場所・位置を示して)～で，～に」，**4** with「～といっしょに」。

(9) 解答 **2**

「テッドは毎朝7時半に起きます」

解説 at 7:30 every morning「毎朝7時半に」とあるので，gets up「起きる」とするのが適切。正解は **2**。**1** has「～を持っている」，**3** needs「～を必要とする」，**4** knows「～を知っている」。

(10) 解答 **4**

A:「次の金曜日，あなたはクリスマスパーティーに来られますか」

B:「はい，行けます」

解説 A は「クリスマスパーティー（　　）来られるか」と質問しているので，come の後ろには **4** の to を入れ，「～に来る」とする。**1** come from で「～の出身である」，**2** come back で「帰る」，**3** under「～の下に」。

(11) 解答 **2**

A:「あなたは読書が好きですか，ジェイミー？」

B:「はい，好きです。私は**たくさん**の本を持っています」

解説 「読書が好きですか」と聞かれて Yes と答えているので，「たくさんの本」を持っていると考えるのが自然。空所に **2** の lot を入れて a lot of ～「たくさんの～」とするのが正解。**1** much「（数えられない名詞について）多量の」，**3** some「いくつかの」，**4** more「もっと多くの」。

(12) 解答 **1**

A:「エイミー，もう寝る**時間**よ」

B:「わかったわ。おやすみなさい，お母さん」

解説 A の発言に B が Good night「おやすみなさい」と答えていることから，空所に time を入れて it's time for bed「もう寝る時間です」とするのが適切。正解は **1**。**2** hour「時間」，**3** day「日」，**4** week「週」。

(13) 解答 **4**

A:「これはあなたの教科書ですか，ヒロシ？」

B:「はい，それは**ぼくのもの**です」

解説 A に「あなたの教科書か」と聞かれ，B は Yes と答えているので，**4** の mine「私のもの」が正解。ここでは mine は my textbook「私の教科書」を意味している。**1** I「私は」，**2** my「私の」，**3** me「私を」。

(14) 解答 **3**

A:「あなたのおじさんは**どこに**住んでいるの

ですか」

B:「**彼は北海道に住んでいます**」

解説 B が「北海道」と住んでいる場所を答えているので，A は「どこに」と質問していると考えられる。正解は **3** の Where。**1** What「何」，**2** Which「どれ」，**4** When「いつ」。

(15) 解答 **2**

「トムには 1 人の姉 [妹] がいます。**彼女は歌手です**」

解説 1 つ目の文に one sister「1 人の姉 [妹]」とあるので，2 つ目の文の主語には 1 人の女性を表す **2** の She「彼女は」が入る。**1** It「それは」，**3** That「あれは」，**4** They「彼女たち [彼ら] は，それらは」。

(16) 解答 **1**

男の子：「リサ，これはだれのノート？」

女の子：「それはカズヤのものよ」

1 それはカズヤのものよ。

2 あれはとてもいいわ。

3 私は 2 つ持っているわ。

4 ええ，私はするわ。

解説 男の子は whose notebook is this?「これはだれのノート？」と聞いている。正解は **1** の It's Kazuya's.「それはカズヤのもの（＝ノート）よ」。「～のもの」は mine，yours などの代名詞や，〈人の名前 ＋'s〉の形で表す。

(17) 解答 **3**

女の子：「あなたはよくお母さんといっしょに買い物に行くの？」

男の子：「いや，でも**ぼくの姉 [妹] は行くよ**」

1 彼女はその店にいるよ。

2 それはお母さんのためのものだよ。

3 ぼくの姉 [妹] は行くよ。

4 ぼくはバナナが好きだよ。

解説 女の子の質問に男の子は No と答えているが，その次に but があることに注目しよう。「いや（＝自分は行かない），でも」に続くのは

3 の my sister does. が適切。この does は goes shopping「買い物に行く」を表している。

(18) 解答 **4**
女の子：「さようなら，ブラウン先生」
先生：「さようなら，カナコ。**よい週末を**」
1 いい考えね。
2 はじめまして。
3 どういたしまして。
4 よい週末を。
解説　先生と生徒が別れのあいさつをしている場面。「さようなら」に続けて意味がつながるのは，「よい週末を」という意味の**4**。Have a nice weekend. は週末のあいさつの表現としてよく使われる。

(19) 解答 **3**
男性：「誕生日おめでとう，ユミ！　**このプレゼントは君にだよ**」
女性：「あなたはとてもやさしいのね。ありがとう」
1 今日は晴れだよ。
2 ぼくは美しい花が好きだよ。
3 このプレゼントは君にだよ。
4 木曜日だよ。
解説　男性が最初に誕生日のお祝いのことばを伝え，女性がお礼を述べていることから，空所に入る文として適切なのは，おくり物を渡す表現の**3** This present is for you. となる。kind は「やさしい，親切な」という意味。

(20) 解答 **2**
母親：「ポール，私は居間をそうじしているの。**手伝ってくれる？**」
男の子：「いいよ，お母さん」
1 調子はどう？
2 手伝ってくれる？
3 あなたは本が好きなの？
4 居間にいるのはだれなの？
解説　そうじ中の母親に息子が Sure「いいよ」と答えているので，「私を手伝ってくれますか」という意味の**2**が正解。help は「～を手伝う，

助ける」の意味で，この Can you ～? は人に何かを頼むときの表現。

(21) 解答 **1**
正しい語順　My brother (is nineteen years old).
解説　「～歳です」は〈be 動詞＋数字＋years old〉の形で表す。～ is nineteen. のように数字だけでも表すことができる。

(22) 解答 **3**
正しい語順　The game (is from two thirty to) four o'clock.
解説　「その試合は～です」は，主語の The game に be 動詞の is を続ける。「～から…まで」は from ～ to ... で表す。

(23) 解答 **1**
正しい語順　(Mary plays tennis after) school every Monday.
解説　主語の Mary に続けて「テニスをする」plays tennis，その後ろに「放課後に」を表す after school が並ぶ。

(24) 解答 **4**
正しい語順　What (time is it in) Paris now?
解説　時間をたずねる表現。「何時ですか」は What time is it? で表す。「パリは」は「パリでは」と考えて in Paris とする。

(25) 解答 **2**
正しい語順　(Let's ask Mrs. Smith about) her family.
解説　人に提案する表現の「～しましょう」は Let's で始める。これに「スミス先生に～について聞く」ask Mrs. Smith about が続く。〈ask ＋人＋ about ～〉の表現を覚えておこう。

リスニング

第1部 🎵59 ～ 🎵69

例題 解答 **3**

Where do you play tennis?
1 Yes, you can.
2 It's mine.
3 At school.

あなたはどこでテニスをするの？
1 うん，君はできるよ。
2 それはぼくのものだよ。
3 学校でだよ。

No.1 解答 **3**

Can you swim, Tsuyoshi?
1 It's nice.
2 Thank you.
3 Yes, I can.

あなたは泳げるの，ツヨシ？
1 それはいいね。
2 ありがとう。
3 うん，泳げるよ。

解説 can は「～することができる」で，Can you ～？は「あなたは～することができますか」という意味を表す。swim は「泳ぐ」。泳げるかたずねられたツヨシの答えは，Yes, I can. もしくは No, I can't. となる。正解は **3**。

No.2 解答 **1**

I like this singer.
1 Me, too.
2 Here you are.
3 You're welcome.

ぼくはこの歌手が好きなんだ。
1 私もよ。
2 はい，どうぞ。
3 どういたしまして。

解説 「この歌手が好きだ」という相手への適切な応答は，この選択肢の中では **1** の Me, too.「私もよ」のみである。会話でよく使われる。

No.3 解答 **1**

Who is that boy, Kate?
1 He's my brother.
2 He's at home.
3 He's playing baseball.

あの男の子はだれ，ケイト？
1 彼は私の弟よ。
2 彼は家にいるわ。
3 彼は野球をしているわ。

解説 Who で始まる文で「あの男の子はだれ」と聞かれているので，ケイトの答えとしては，**1** の「彼は私の弟よ」が適切。

No.4 解答 **1**

Excuse me. Does this bus go to the station?
1 Yes, it does.
2 From Tokyo.
3 I like it.

すみません。このバスは駅へ行きますか。
1 はい，行きます。
2 東京からです。
3 私はそれが好きです。

解説 Does ～？で聞かれているので，Yes か No で答えるのが適切。**1** の Yes, it does. が正解。「いいえ」の場合は No, it doesn't. となる。

No.5 解答 **2**

Let's go to the library.
1 Nice to meet you.
2 All right.
3 Thanks a lot.

図書館へ行こう。
1 はじめまして。

2 いいわよ。

3 どうもありがとう。

解説 Let's 〜．は人に提案する表現。後ろには動詞の原形が続く。ここでは go to the library と「図書館に行く」ことを提案しているので，**2** の All right.「いいわよ」という応答が適切。

No.6 解答 **2**

Do you want some coffee?
1 This is too hot.
2 Yes, please.
3 No, you can't.

コーヒーはいかが？
1 これは熱すぎるよ。
2 うん，頼むよ。
3 いや，君にはできないよ。

解説 コーヒーをすすめられているので，それへの応答としては **2** の Yes, please. が適切。質問文にはふつう some ではなく，any が使われるが，ものをすすめるときには some を使う。

No.7 解答 **3**

Where's your bicycle, Andy?
1 In the morning.
2 No, it isn't.
3 Over there.

あなたの自転車はどこにあるの，アンディ？
1 午前中にだよ。
2 いや，それじゃないよ。
3 向こうだよ。

解説 Where's は Where is の短縮形で，「どこにありますか」という場所をたずねる表現。場所を答えている **3** が正解。over there は「向こうに，あそこに」という意味。

No.8 解答 **1**

How long do you play the piano every day?

1 For two hours.
2 I like music.
3 At home.

君は毎日どのくらいピアノを弾くの？
1 2時間よ。
2 私は音楽が好きなの。
3 家で。

解説 How long は「どのくらい（長く）」という意味で，ここでは「（ピアノを弾く）時間の長さ」をたずねている。正解は **1**。For two hours. の for は「〜の間」と期間を表している。

No.9 解答 **2**

How do you usually come to school?
1 On Tuesdays.
2 By bike.
3 After breakfast.

あなたはふだんどうやって学校へ来るの？
1 火曜日にだよ。
2 自転車でだよ。
3 朝食後にだよ。

解説 How で始まり，「学校へ来るか」が続いているので，「どうやって」と学校へ来る手段をたずねていることがわかる。**2** の By bike. が正解。by に続く交通手段を表す語には a や the が付かないことに注意。

No.10 解答 **3**

Don't eat in this room, Anna.
1 See you, Mr. Smith.
2 It's yours, Mr. Smith.
3 I'm sorry, Mr. Smith.

この部屋でものを食べてはだめだよ，アンナ。
1 さようなら，スミス先生。
2 それはあなたのものですよ，スミス先生。
3 ごめんなさい，スミス先生。

解説 Don't 〜．は「〜してはいけません」と禁止を表す命令文である。これへの応答としては，「ごめんなさい」と謝っている **3** が適切。

No.11 解答 2

★：Jane, which pencil case do you want? The blue one, or the pink one?

☆：The pink one, Dad.

Question: Which pencil case does Jane want?

★：ジェーン，君はどちらの鉛筆入れがほしいの？ 青いのかい，それともピンク色のかい？

☆：ピンク色のよ，お父さん。

質問：ジェーンはどちらの鉛筆入れがほしいですか。

1 赤いもの。

2 ピンク色のもの。

3 青いもの。

4 緑色のもの。

解説 すべての選択肢に色を表す単語が含まれている。色についての質問だと予測し，しっかり聞き取ろう。〈which ＋ もの〉で「どちらの～」という意味を表す。ここでは pencil case「鉛筆入れ」について聞かれており，ジェーンは The pink one と答えている。正解は **2**。one は pencil case をさし，同じ語句の繰り返しをさけるために使われている。

No.12 解答 4

☆：What are you·doing, Paul?

★：I'm writing an e-mail to Miki. She's my good friend.

Question: What is Paul doing?

☆：何をしているの，ポール？

★：ミキに E メールを書いているところだよ。彼女はぼくの仲のよい友だちなんだ。

質問：ポールは何をしていますか。

1 テレビを見ている。

2 テニスをしている。

3 音楽を聞いている。

4 E メールを書いている。

解説 〈What ＋ be 動詞 ＋ 主語 ＋ doing?〉で「～は何をしていますか」という意味を表す。ポールは writing an e-mail「E メールを書いている」と言っているので，正解は **4**。〈write an e-mail to ＋ 人〉で「（人）に E メールを書く」という意味になる。writing の発音にも注意しよう。

No.13 解答 3

★：Is this textbook yours, Mary?

☆：No, Mr. Brown. It's Junko's.

Question: Whose textbook is it?

★：この教科書は君のものかい，メアリー？

☆：いいえ，ブラウン先生。それはジュンコのものです。

質問：それはだれの教科書ですか。

1 メアリーのもの。

2 ブラウン先生のもの。

3 ジュンコのもの。

4 メアリーの兄 [弟] のもの。

解説 メアリーとブラウン先生の会話。先生は教科書がメアリーのものかと聞き，メアリーは自分のものではなく，ジュンコのものだと答えている。正解は **3**。名前がいくつも出てくるので，選択肢を参考にしながらだれのことを言っているのかをしっかり聞き取るようにしよう。

No.14 解答 4

☆：When is your soccer game, Yuji?

★：Next Sunday. I practice every Wednesday.

Question: When is Yuji's soccer game?

☆：あなたのサッカーの試合はいつですか，ユウジ？

★：次の日曜日です。ぼくは毎週水曜日に練習します。

質問：ユウジのサッカーの試合はいつですか。

1 次の月曜日。

2 次の水曜日。

3 次の土曜日。

4 次の日曜日。

解説 選択肢に曜日が並んでいる。何曜日に何が行われるのかをしっかり聞き取ろう。soccer game「サッカーの試合」が when「いつ」かをたずねられたユウジは Next Sunday. と答えているので，**4** が正解。最後にWednesday が出てくるが，これは練習をする曜日なので，こちらを選ばないように注意。

No.15 解答 **3**

★：Excuse me. How much is that red T-shirt?

☆：It's thirty dollars.

Question: How much is the T-shirt?

★：すみません。あの赤いTシャツはいくらですか。

☆：30ドルです。

質問：Tシャツはいくらですか。

1 3ドル。

2 13ドル。

3 30ドル。

4 33ドル。

解説 買い物の会話。How much は「いくら」と値段をたずねる表現で，ここでは赤いTシャツの値段を聞いている。女性は thirty dollars と答えているので，**3** の30ドルが正解。13を表す thirteen と音が似ているので，聞き間違えないように気をつけよう。

第3部 🎵 76 ～ 🎵 86

No.16 解答 **2**

1 It's rainy today.

2 It's sunny today.

3 It's cloudy today.

1 今日は雨が降っています。

2 今日は晴れています。

3 今日はくもっています。

解説 絵を見ると太陽が描かれているので，

晴れの日だとわかる。**2** の It's sunny today. が正解。天気は It's ～ . で表す。

No.17 解答 **3**

1 It's nine oh four now.

2 It's nine fourteen now.

3 It's nine forty now.

1 今9時4分です。

2 今9時14分です。

3 今9時40分です。

解説 絵に時計やカレンダーの数字が示されている場合は，その数を英語で何と言うか思い浮かべながら放送を聞くようにしよう。正解は**3**。fourteen と forty のアクセントの位置などに注意して，しっかり聞き取るようにしよう。

No.18 解答 **3**

1 Helen wants a computer.

2 Helen wants an eraser.

3 Helen wants a magazine.

1 ヘレンはコンピューターがほしいです。

2 ヘレンは消しゴムがほしいです。

3 ヘレンは雑誌がほしいです。

解説 want は「～がほしい」という意味を表す。絵では女性が雑誌を見ているので，正解は**3**。magazine の発音にも注意しよう。

No.19 解答 **1**

1 The watch is by the bag.

2 The watch is under the bag.

3 The watch is in the bag.

1 腕時計はバッグのそばにあります。

2 腕時計はバッグの下にあります。

3 腕時計はバッグの中にあります。

解説 絵では腕時計はバッグのそばにあるので，正解は**1**。場所・位置を表す in ～「～の中に」，under ～「～の下に」，by ～「～のそばに」はよく出題されるので，覚えておこう。

No.20 解答 3

1 The score is eight to two.
2 The score is eighty to twenty.
3 **The score is eighteen to twelve.**

1 得点は 8 対 2 です。
2 得点は 80 対 20 です。
3 **得点は 18 対 12 です。**

解説 絵にはバドミントンの試合と得点板が描かれている。数字があるので，英語で何と言うか思い浮かべながら，放送を聞こう。正解は eighteen to twelve と言っている **3**。eighty と eighteen，twenty と twelve をしっかり聞き分けよう。

No.21 解答 3

1 Miho's family is at a restaurant.
2 Miho's family is at a zoo.
3 **Miho's family is at a supermarket.**

1 ミホの家族はレストランにいます。
2 ミホの家族は動物園にいます。
3 **ミホの家族はスーパーマーケットにいます。**

解説 〈be 動詞 ＋ at ＋ 場所〉で「～にいる」という意味。家族がスーパーマーケットで買い物をしている絵なので，正解は **3**。

No.22 解答 1

1 **The boys are talking in the classroom.**
2 The boys are studying in the classroom.
3 The boys are sleeping in the classroom.

1 **男の子たちは教室で話をしています。**
2 男の子たちは教室で勉強しています。
3 男の子たちは教室で眠っています。

解説 〈be 動詞 ＋ ～ing〉で「～している」という意味になる。教室で話をしている男の子たちの絵なので，正解は **1**。

No.23 解答 2

1 Jun's father is a teacher.
2 **Jun's father is a police officer.**
3 Jun's father is a taxi driver.

1 ジュンの父親は教師です。
2 **ジュンの父親は警察官です。**
3 ジュンの父親はタクシーの運転手です。

解説 絵の中央に交通整理をしている男性がいる。ジュンの父親の職業は police officer「警察官」で，正解は **2**。

No.24 解答 2

1 Open your textbooks to page one hundred and sixty-eight.
2 **Open your textbooks to page one hundred and seventy-eight.**
3 Open your textbooks to page two hundred and seventy-eight.

1 教科書の 168 ページを開きなさい。
2 **教科書の 178 ページを開きなさい。**
3 教科書の 278 ページを開きなさい。

解説 絵には数字が示されている。英語で何と言うかを頭に思い浮かべながら，放送文を聞こう。教科書のページは one hundred and seventy-eight「178」で，**2** が正解。

No.25 解答 3

1 He takes a shower at seven every morning.
2 He reads a newspaper at seven every morning.
3 **He makes breakfast at seven every morning.**

1 彼は毎朝 7 時にシャワーを浴びます。
2 彼は毎朝 7 時に新聞を読みます。
3 **彼は毎朝 7 時に朝食を作ります。**

解説 絵では男性が朝 7 時に目玉焼きを作っている。makes breakfast「朝食を作る」と言っている **3** が正解。

✳ MEMO ✳

* MEMO *

［中学生のための英検 5 級合格レッスン 改訂版・別冊］　　　　　　S4d098